경쟁 공화국

경쟁 공화국
믿을 건 나 하나뿐인 각자도생 시대, 잘 살기 경쟁만이 답일까?

초판 1쇄 발행 2020년 8월 17일
초판 2쇄 발행 2020년 12월 15일
—

지은이 강수돌
펴낸이 이방원
편 집 정우경·김명희·안효희·정조연·송원빈·최선희·조상희
디자인 양혜진·손경화·박혜옥   **영 업** 최성수   **마케팅** 이예희
—

펴낸곳 세창미디어
　　신고번호 제312-2013-000002호 **주소** 03735 서울시 서대문구 경기대로 88 냉천빌딩 4층
　　전화 02-723-8660 팩스 02-720-4579 **이메일** edit@sechangpub.co.kr **홈페이지** http://www.sechangpub.co.kr
　　블로그 blog.naver.com/scpc1992 페이스북 fb.me/Sechangofficial 인스타그램 @sechang_official
—

ISBN 978-89-5586-624-7 03300

ⓒ 강수돌, 2020

이 도서의 국립중앙도서관 출판예정도서목록(CIP)은 서지정보유통지원시스템 홈페이지(http://seoji.nl.go.kr)와
국가자료종합목록 구축시스템(http://kolis-net.nl.go.kr)에서 이용하실 수 있습니다.(CIP제어번호: CIP2020031521)

· 강수돌 지음 ·

경쟁 공화국

세창미디어
MEDIA

2020년 3월에서 5월까지 우리는 "대한민국의 국격이 높아졌다"는 이야기를 많이 들었다. 2019년 말부터 시작된 신종 코로나 바이러스에 대응하는 한국 정부의 차분한 태도는 물론, '사재기' 광란을 보이지 않은 일반 국민의 모습이 국제적으로 널리 알려졌기 때문이다. 실제로 이란, 스웨덴, 사우디, 스페인, 프랑스, 캐나다, 미국 등의 여러 정상들이 문재인 대통령에게 전화하여 도움을 요청하기도 했다. 그러나 이것은 우리의 일상, 즉 삶의 현실을 대변하진 못한다. 오히려 우울한 이야기가 더 많다. 삶의 일상은 '민주 공화국'이 아니라 '경쟁 공화국'에 가깝기 때문이다.

한편, 이런 이야기도 있다. "삼성 '공화국'이란 말 쓰지 마세요. 공화국의 개념을 그렇게 훼손시키는 것을 일상화하면 안 돼요. 공공적 가치를 품고 있는 공화국(Republic)에다가 삼성이니 부패니 도박이니 부동산이니 하는 말을 붙인다는 것 자체가 가치모순입니다. 이런 상황은 인류의 역사 과정에서 가장 중요한 가치 개념인 공공적 가치를 우리 사회가 헌법 제1조 1항에 가지고 있으면서도 완전히 잃어버렸다는 것을 반영하고 있는 거거든요." 홍세화 선생이 어느 인터뷰에서 한 말이다.[*] 같은 논리로 보면 '경쟁 공화국' 역시 대단한 형용모순이다. 경쟁을 부추기는 공공의 가치? 아니면 경쟁을 통해 공공의 가치를 실현한다? 아무리 머리를 돌려 봐도 어불성설이다. 굳이 합리화하자면 민주 공화국을 배신한, 경쟁 지상주의 공화국이라는 패러디! 아하, 그렇구나. 공화국을 배신한 채 경쟁만 부채질하는, 나라 아닌 나라, 이것이 곧 경쟁 공화국이다.

외국인들이 한국에 와서 보고 놀라는 것 중 하나가 밤 10시 넘어 학원가에서 아이들이 대거 몰려나오는 장면이다. 자기들 나라에서는 도무지 볼 수 없는 광경이다. 그렇다고 이 아이들이 무슨 오페라나 영화를 밤늦게 보고 우르르 나오는 것도 아니지 않은가. 혹시 야밤 시위? 아니면 카니발축제? 전혀 아니다. 민주 공화국 대한민국의 아이들은 학교를 두 개 다닌다. 하나는 일반 학교, 다른 하나는 학원 학교. 그 이유는 대학입시 때문이다. 어느 학원 버스에는 이런 펼침막이 붙어 있다. "이 버스의 종점은 SKY입니다!" 그 학원 버스를 잘 타고 다니면 SKY 대학(이른바 일류대)에 간다는 뜻이다. 이런 목표를 이루는 데는 두 개의 학교 중 일반 학교가 아니라 학원 학교가 더 효과적

[*]   박노자 외,『하나의 대한민국, 두 개의 현실』 시대의창, 2007, 114쪽 참고.

이다. 그러니 일반 학교에서는 졸거나 자고, 학원 학교에선 눈이 말똥말똥하다. 부모들도 묵인한다.

그렇다면 왜 대학입시에 목숨을 거는가? 그것은 SKY로 상징되는 일류대를 나와야 그나마 좀 나은 일자리에 취업도 하고 남들에게 자랑도 할 수 있기 때문이다.

그런데 또 이것은 왜 그런가? 개인적 차원과 사회적 차원이 있다. 개인적 차원에서는, SKY대를 나왔다는 것 자체가 그 사람의 실력이나 능력을 상징해 준다고 보기 때문이다. 즉 '공부를 아주 잘했다'는 평가가 SKY 졸업장으로 요약된다. 사회적 차원에서는, SKY대를 나온 선배들이 이미 한국 사회에서 아주 공고한 기득권 동맹을 형성하고 있기에 그 후배들이 어떤 조직에 가서 일을 하더라도 그 기득권 네트워크의 득을 톡톡히 보게 되기 때문이다.

그러면 SKY대로 상징되는 기득권 동맹은 과연 어디서 정당성을 갖는가? 초중고교 시절에 개근상과 우등상을 휩쓸며 '타의 모범'이 되었다는 사실이 과연 그 사람의 진정한 실력을 보여 주는가? 도대체 한 사람이 가진 실력은 무엇으로 드러나는가? 그리고 이 실력이란 것으로 사람들을 한 줄 세우기 하여 평생 '차별의 시선'에 시달리게 하는 것이 옳은 일인가? 그런 면에서 우리가 당연시하며 받아들이는 실력주의 내지 능력주의라는 가치 기준은 올바른 것인가? 보다 근본적으로, 능력 중시 사회는 어떻게 탄생했는가?

이 책은 바로 이런 질문들과 함께 우리가 당연시해 온 '잘 살기 경쟁'이라는 현실 뒤에 깃든 근본 논리와 본질, 모순과 문제를 차근차근

따져 보려 한다. 그리하여 깊은 성찰이 결여된 채 맹목적으로 잘 살기 경쟁에 동참한 결과 어떤 파국적 상황이 다가오는지도 짚어 보려 한다. 이런 성찰 과정이 전제될 때 비로소 우리는 진정으로 '잘 살 수' 있는 현실적 조건들을 명확히 알게 될 것이다.

생각건대 오늘날 세상을 주도하는 구조적 힘은 자본주의다. 이 자본주의라는 자동차는 네 바퀴로 질주한다. 그 바퀴들은 성과주의, 가부장주의, 인종주의, 그리고 기술주의다. 결국 인간과 자연을 지배, 억압, 착취하는 기반 위에서 자본주의가 작동한다. 이 자동차의 목적지는 가도 가도 도착이 어려운 '무한 이윤'이다. 운전자와 동승자는 대체로 나르시시즘이나 중독에 빠져 있다. 그리고 전체 시스템의 효율적 작동을 위한 도구가 곧 '경쟁'이다.

미리 이 책 전반을 관통하는 핵심 논리 두 가지를 말하자면, 하나는 '경쟁은 자본의 내적 논리가 밖으로 드러난 것'이란 점이며, 다른 하나는 '사람들이 경쟁을 내면화하는 만큼 자본의 지배력이 더 공고해진다'는 점이다.

자본의 내적 논리와 관련해 우리는 만물의 상품화(가치화)를 통해 무한 축적을 추구하는 자본의 속성을 꼼꼼히 살피게 될 것이다. 그리고 경쟁의 내면화와 관련, 왜 사람들은 경쟁을 내면화하게 되는지, 또 그것이 어떤 효과를 낳게 되는지에 대해 아무런 편견 없이 들여다보게 될 것이다. 이 모든 논의의 의미는 한마디로, 얼마 안 되는 인생, '제대로 잘 살자'는 것이다.

그래서 이 책에 깃든 질문 하나를 추리면 이렇다. '무한 경쟁에 동참하는 우리, 과연 언제쯤 잘 살게 되나?' 이 질문과 연결되는 질문이 '그렇다면 대안은 무엇인가?'이다.

바로 여기서 나는 솔직해지고 싶다. 그것은 첫째, 세상이 결코 올바른 방향으로 바뀔 것 같지 않다는 '거시적 비관'이다. 인류가 너무 멀리 나가 버렸고, 사태를 되돌리기엔 너무 늦은 감이 있다. 둘째, 하지만 그 속에서도 지금 여기서부터 '미시적 낙관'이라도 제대로 만드는 것이 우리의 최선일 것이다. 더 간절한 심정은 이렇다. 셋째, 미시적 낙관을 도처에서 만든다면 그것이 무르익고 익어 경쟁 공화국을 건강하게 치유하는 가운데, 거시적 비관조차 거시적 낙관으로 바꿀 수 있을지 모른다는 소망이다. 넷째, 이 또한 나랑 비슷한 마음을 가진 이들이 얼마나 성찰, 소통, 연대하는가에 따라 달라질 것이다.

이런 마음으로, 이 책을 읽는 독자들과 함께 우정과 연대의 관계를 맺고 싶다. 바로 그 자본은 경쟁과 분열을 먹고 살지만, 사람은 협동과 우애로 살아야 한다. 아무리 (초)미세먼지나 신종 코로나 바이러스 같은 게 우릴 괴롭혀도, 나아가, 앞으로 그 어떤 새로운 위기가 또 닥쳐온다 해도, 결국은 모두가 더불어 인간답게 살 방법을 찾아야 하니까!

2020년 7월
고려대 세종캠퍼스 연구실에서
강수돌

차례

1부

초등생 꿈이
'공무원' 또는 '건물주'가
되어 버린 나라

기쁨을 나누면 질투가 되고
슬픔을 나누면 약점이 되는,
각자도생의 시대.

그 많던
초등생의 꿈은
다 어디로 갔나?

내 어릴 적만 해도 대통령이나 과학자를 꿈꾸는 초등생이 많았다. 자신의 능력이나 현실성을 고려해서가 아니다. 일단 마음이 그렇다는 것이다. 무슨 마음이었을까? 대통령이 되어 불쌍하거나 억울한 사람이 없게 해 주고 싶은 마음, 또 과학자가 되어 우주를 탐험하거나 아픈 사람을 치료해 주고 싶은 마음이었다. 대통령이나 과학자 외에도 시인이나 화가가 되고 싶은 친구들도 있었다. 물론 당시 이런 꿈은 부모나 교사에 의해 무참히 짓밟혔다. "그래 가지고 밥이나 먹고살겠어?" 그렇다. 대통령이나 과학자란 꿈은 그 현실적 가능성은 내버려 두더라도 '좀 있어 보이는' 꿈이다. 그러나 시인이나 화가는? 아니면 농부는? 그런데 사람답게 살려면 시인이나 화가도 중요하고 농민은 더 중요하다. 온 사회의 밥상을 차리는 분들이기 때문이다. 그러나 이 의견에 동의하는 이들이 갈수록 적어진다. 아니, 거의 없다.

2017년 1월 말 〈매일경제〉 신문에 놀라운 기사가 났다. 서울 강남의 '금싸라기 땅'이라는 강남구 신사동 가로수길에 위치한 주요 상업용 빌딩 134개 가운데, 10곳 중 4곳은 대물림되었다는 이야기였다. 심지어 만 19세 청년이 수십억 원대 빌딩 지분을 증여받아 대졸 초임을 훨씬 넘는 매달 500만 원대 임대수익을 올리는 사례도 있었다. 빌딩 하나에 수백억 원에 이르는데, 이를 상속이나 증여로 물려받는 '금수저'들이 1/3이나 된다는 이야기다.

오죽하면 모 초등학교 설문조사에서 장래희망 직업으로 '건물주' 또는 '부동산 임대업'이 등장하겠는가? 하기야 얼마 전까지만 해도 초등생 꿈이 '공무원'이란 말도 기가 찼다. 원래 어린이의 꿈은 현실성보다는 야망 같은 게 있어야 하지 않은가? 대통령이 되어 나라를 이렇게 바꾸고 싶다든지, 과학자가 되어 불치병에 고통받는 사람들을 구해 주고 싶다든지 이런 것 말이다. 그런데 이른바 '철밥통'이라 불리던 (물론 이것도 예전에 비해 깨지기 쉬운 '유리밥통'이 되어 가지만) 공무원을 장래희망 직업으로 여기다니. 그것도 무슨 무슨 일을 하기 위해 공무원이 되겠다는 것도 아니고 말이다. 더욱 기가 막힌 것은 "왜 공무원이 되고 싶니?"라는 질문에 그 초등생이 근거로 댄 내용, 즉 "공무원은 연금이 나오잖아요"라는 논리였다. 여기서 나는 할 말을 잃는다.

그러나 곰곰 생각해 보면 초등생 아이를 탓할 일은 아니다. 어른들의 세계가 직간접으로 아이들을 그렇게 만들었기 때문이다. 게다가 어디 초등생만 공무원을 희망하는가? 오늘날 해마다 전국 대학에 입학하는 수십만 대학생들 역시 '공시족'(공무원 시험을 준비하는 이들)이 될 가능성이 높다. 앞의 초등생들이 자라 그런 대학생이나 청년이 되기 때문이다.

그렇다면 과연 그 어른들 세계란 무엇인가? 그것은 정말 냉혹한 세계다. 경쟁이 치열하고 생존하기 힘들며, '기쁨을 나누면 질투가 되고, 슬픔을 나누면 약점이 되는' 그런 세상이다.

기쁨=질투,
슬픔=약점이 되는
해괴한 세상

동국대 김낙년 교수의 한 보고서에 따르면 자산 상위 10% 계층이 전체 부의 66.4%를 갖고 있다. 여기서 자산이란 돈, 주식, 집, 땅이다. 개인 재산에서 부모에게서 물려받은 상속·증여 비중도 1980년대에는 27%였으나 2000년대 들어서는 42%로 치솟았다. 대부분 부동산 자산(집과 땅)이다. 『21세기 자본』을 쓴 토마 피케티 역시 세계적 부의 불평등이 갈수록 심해진다고 했다. 그 이유는 근로소득이 자본소득 증가 속도를 따라잡을 수 없어서 소득 격차가 커지기 때문이다. 결국은 자산 불평등이 더 큰 문제인 셈이다.

그렇다면 무엇이 이러한 불평등을 조장하는가? 자본주의의 기본은 '돈이 돈을 버는 게임'이다. 자산 역시 마찬가지다. 첫째, 돈 많은 이가 은행 등에 저축을 할 경우 금융파산만 없다면 더 많은 이자를 벌어 가만히 앉아 있어도 돈이 불어난다. 둘째, 주식 역시 마찬가지다. 주식시장이 붕괴하지 않는 한 직간접으로 주식투자를 해서 많은 배당금을 받거나 시세차익을 남기면 빠른 시간에 부자가 된다. 셋째, 주택(아파트 포함)은 일반 상품과는 달리 오래 쓰고 중고가 될수록 더 비싸진다. 한국의 경우 학군이 좋거나 대도시로 갈수록 집값도 비싸다. 2008년 미국발 금융위기, 즉 서브프라임 모기지 사태의 배경도 부동산 거품이었는데, 연방준비기금이 금리를 내리는 바람에 소득이 낮은 사람들도 주택담보대출을 쉽게 받을 수 있었던 것이다. 너도나도 집을 사려는 사람들이 몰리니 집값은 갈수록 폭등했다. 또 집값이 계속 오를 것이라는 예측하에 투기 목적의 금융대출도 대거 늘어났다. 요컨대 건설업과 금융업, 연방준비기금의 합작품이 2008년 금융위기의 본질이었다. 토마 피케티 역시 자본소득이 증가하는 데 가장 큰 기여를 하는 건 주택가격 상승이라 했다. 한국의 경우 학군이라는 요소와 투기라는 요소, 인구집중(도시 개발) 요소가 집값 상승을 부채질하고, 집 한 채 있는 자는 두 채, 세 채를 갖기 쉽게 된다. 없는 자는 갈수록 집 한 채 장만하기도 점점 어려워진다. 넷째, 땅 역시 원래는 상품이 아니어야 마땅한데, 사적 소유의 대상이 되면서 천정부지로 값이 치솟는다. 한국에서는 개발가능성에 대한 정보를 얼마나 빨리 얻느냐, 일정한 땅을 살 자금이 있느냐, 자금이 없더라도 금융권으로부터의 대출 역량이 있느냐 하는 변수가 땅을 통해 일확천금을 버는 지름길로 통한다.

이제 세상은 최소한 두 진영, 즉 돈, 주식, 집, 땅을 가진 자와, 가진 건 오로지 노동력밖에 없어 자신의 노동력을 팔아야 하는 자로 갈라져 있다. 게다가 자기 노동력을 팔더라도 여성과 남성, 비정규직과 정규직, 영세중소 기업 소속과 대기업 소속, 한국인과 이주민으로 이중, 삼중, 사중으로 갈라지는 세상이다. 그러니 과연 '이웃사촌'처럼 사는 게 가능할까?

여기서 중요한 것은 돈이 최고인 사회, 돈벌이 경쟁을 당연시하는 사회가 되면서 사람들 심성 속에 인간미가 사라진다는 점이다. 가장 대표적인 예가 앞서 말한 '기쁨은 나누면 질투가 되고, 슬픔은 나누면 약점이 된다'는 새로운 격언(?)이다.

전통적으로 기쁨은 나누면 배가 되고 슬픔은 나누면 절반이 된다는 게 상식이었다. 친구나 이웃 간에 인정과 유대감이 있었고, 남의 기쁨이나 슬픔에 공감할 때 그 당사자는 물론 나 역시 마음의 평화를 얻을 수 있었기 때문이다. 또 그런 사회적 분위기가 널리 깔린 상황에서는 내가 어떤 고통이나 슬픔에 잠기더라도 함께 아파하고 슬퍼하는 이웃이 있기에 이겨 내기도 쉬웠다. 하지만 이제는 무심코 기쁨을 나누었더니 시기하고 질투하는 일이 종종 생긴다. 게다가 슬프거나 아픈 일을 이야기하고 나면 주변으로부터 진정 공감을 얻기는커녕 오히려 뭔가 모자라는 사람으로 취급당한다. 그 까닭은 '우리'가 사라지고 오로지 '나'만 남았기 때문이다. 제각기 자기 살길만 찾는,

각자도생(各自圖生)의 시대…. 두레나 품앗이 등으로 함께 일하고 함께 잔치를 열며 더불어 살던, 물 좋고 인심 좋던 시절은 어디로 가고 각자도생만 남았는가?

'IMF 트라우마'와 각자도생의 시대

원칙적으로 자본주의 사회는 능력에 따른 차별을 인정한다. 자본에게 인정을 받는 노동력은 취업, 승진, 출세, 성공이 수월하다. 자본에게 높은 인정을 받으려면 학창 시절에 성적이 우수하고 행동이 방정한 '모범생'이 돼야 한다. 달리 말해 자신의 고유한 개성이나 소질보다는 자본이 요구하는 '스펙'을 탁월하게 쌓아야 한다. 부끄럽게도 나는 이 원리를 대학 입학 이후에 서서히 깨달았다. 그나마 뒤늦게라도 깨달았기에 3명의 자녀들에게는 나처럼 모범생으로 살기를 강요하지 않았다. 다시 말해 자본이 요구하는 '스펙'보다는 자기만의 꿈과 끼를 좇아 살도록 격려했다. 그렇게 30년 이상 아이들과 동반자의 삶을 살다 보니, 아이들은 모두 자기 나름의 길을 잘 가고 있다.

그럼에도 불구하고, 자본주의 사회에서 '능력에 따른 차별'의 칼날은 피할 수 없다. 나 역시 그런 차별을 받지 않기 위해 몸부림을 쳤다. 그 결과 나름의 성취를 이루었지만, 대학 졸업 이후 약 10년 동안 깨침의 과정에서 나대로 삶의 원칙을 정립했다. 그것은 1) 스스로 최선을 다하되 내가 갈고닦은 실력을 나 혼자만의 행복이 아니라 온 사회의 행복을 위해 쓰자, 2) 온 사회의 행복을 앞당기기 위해서라도 자본주의 경쟁 원리를 넘어서는 근본 대안을 탐구하자, 3) 그와 더불어 농민이나 노동자 등 우리 사회의 가장 밑바닥에서 땀 흘리며 일하는 사람들이 나름 보람과 의미를 찾으며 살 수 있는 사회를 모색하자 등으로 요약된다.

이런 관점에서 한국 사회를 돌아보면 1960년대 이후 경제개발 내지 산업화 과정에서 농민과 노동자들은 저곡가 및 저임금, 장시간 노동으로 인간다운 삶을 살기 어려웠다. 사회 전체적으로 농업, 농사, 농촌은 아무 전망도 없게 되었고 '땅 파고 살지 않으려거든 공부 열심히 해'라는 초중고 선생님들 말처럼 공부를 잘해 '일류대'에 가야지만 인간답게 살 수 있다고 믿게 되었다.

그런데 공부 잘해서 일류대에 간 뒤엔 어떻게 된단 말인가? 1981년에 대학에 들어간 내가 졸업할 무렵에는 아무리 학점이 나빠도 (비록 수업에 충실하지 않고 학생운동에 참여했다 하더라도) 졸업 시즌이 되면 대기업이나 금융권에서 서로 오라는 원서들을 수두룩 쌓아 놓았다. 후배들에게 물어보면 그 이후 약 10년, 즉 90년대 초반 학번까지도 별 취업 걱정 없이 대학 생활을 했다고 한다. 다른 말로 고등학교 때에 비해 거의 공부를 하지 않고 '낭만과 지성'을 향유하며 지내도 거뜬하게 졸업

했을뿐더러 취업조차 '누워 떡 먹기'였다. 그땐 그랬다. 왜? 내가 잘 나서가 아니라, 한국 경제가 한창 팽창기 내지 전성기였기 때문이다. '운칠기삼(運七技三)'이랬던가? 시절 운이 70%라면 자신의 재주나 능력은 30% 정도라는 이야기다.

따지고 보면 1950~53년의 한국전쟁은 이미 일제로부터 36년간 수탈과 억압을 당했던 한반도를 더욱 황폐화했다. 가난과 궁핍이 일상이었다. 반봉건, 반자본, 반제국주의를 외쳤던 사회주의 세력들은 일제하에서도, 1945년 이후 3년간 미군정 아래서도 철저한 탄압을 받았다. 여순 반란 사건, 제주 4·3항쟁은 바로 그 와중에 일어났다. 1948년 이승만 정권 역시 친일 부역자와 친미 세력 중심으로 권력을 재편, 진보·저항 세력을 '빨갱이'라 낙인찍으며 가혹하게 억압했다. 이 갈등이 처음엔 빨치산 저항으로 나타났고 나중엔 한국전쟁으로 확대되었다. 그러나 그 모든 저항은 처절한 패배로 끝났다. 사람들은 배고픔과 궁핍에 시달렸다. 1960년 4·19혁명으로 이승만 정권이 타도되고 장면 정권이 들어섰으나 민초들의 '잘 살고 싶은' 소망에는 무관심, 무능력이었다. 이 기회를 틈타 박정희가 '조국 근대화'를 외치며 쿠데타로 권력을 찬탈했다. 1961년 5·16이었다. 요컨대 1960년대부터 박정희 주도의 자본주의 경제개발이 본격화할 수 있었던 배경에는, 한편으로 사회주의로 상징되는 대안 세력의 철저한 배제, 다른 편으로 '잘 살아' 보고자 하는 민초들의 열망이 자리하고 있었다.

그렇게 해서 국가 주도의 경제개발이 추진되었고, 1990년대 중반까지 한국 경제는 계속 팽창했다. 특히 1987년부터 1996년까지의

10년간이 경제성장 측면에서는 최고조기였다. 그러니 청년들이 대학 시절에 학생운동을 하건 안 하건 취업하는 데는 별 지장이 없었다. 게다가 그때까지만 해도 사람들의 인심은 후했다. 인정(人情)이 메마르지 않았던 것이다. 기본적으로 자본주의 시스템 자체가 각자도생을 강요하고 또 사람들도 생존과 출세를 위해 몸부림치긴 하지만, 그 내면세계에서만큼은 아직 각자도생 멘탈이 공고히 자리 잡진 않았던 것. 그러나 이것 역시 IMF '충격요법'으로 무너져 내린다.

영화 〈국가부도의 날〉에 나오는 한 자막을 보자. "1997년 12월 3일, 한국 대표가 IMF 협상안에 서명했다. IMF 관리체제가 시작된 것이다. 이듬해엔 실업자 130만 명 이상의 고실업 사회가 됐다. 자살률도 전년 대비 42%가 증가했다.[1] 경제협력개발기구(OECD) 회원국 중 최고의 증가였다. 국민들은 '금 모으기 운동'에 동참했다. 1998년 1월부터 4월까지 총 22억 달러어치의 금이 모였다. 그 금은 기업들의 부채 상환에 쓰였다."[2] 실제 상황이었다.

나는 'IMF 트라우마'라는 말을 쓰는데, 그 배경이 이 자막에도 드러난다. 1) 일제 이후 한국(Republic of Korea)이 처음으로 국가 부도 위기에 내몰린 것, 2) 국가 파산 선고를 피하려는 응급대책으로 IMF 등으로부터 수백억 달러를 빌린 것, 3) 돈을 빌리는 조건으로 세계자본에 유리한 구조조정을 하는 것, 4) 그 구조조정의 구체적 내용으로 자본 개방, 규제 완화, 민영화, 노동 유연화 등을 강행하는 것이다. 처음엔 완강히 저항했으나 거듭 패배하자 사람들은 마침내 ① 국가도 노조도 아무 소용없다, ② 공동체니 연대니 하는 건 모두 배부른 소리에 불과하다, ③ 내 밥그릇은 내가 챙겨야 한다고 여기게 되었고, ④ 그리하여 각자도생의 멘탈을 뼛속 깊이 각인했다. 가장 큰 충격은 '실업'이었다. 평생직장으로 여기고 밤이고 낮이고 혼신을 다해 일하던 곳에서 하루아침에 내쫓긴 충격, 그것은 한두 사람이 아니라 수만, 수십만, 수백만이 겪은 일이다. 깊은 정신적 상처(트라우마)를 남겼다. 1998년 초부터 매일 정리해고 살생부가 나왔고, 어떤 회사에선 부장이 살생부 작성 후 너무나 괴로워 자살하기도 했다. 더 많은 회사에서는 정리해고 대상자가 된 노동자가 충격을 받아 사망하기도 하고 더 이상 삶의 비전이 없다며 자살하기도 했다. 하루 평균 30명 이상이 자살했던, 사회적 트라우마.[3] 2020년 현재 한국 사회에서는 하루 평균 40명 내외가 자살을 하는데, OECD 최고 수준이다. 민주 공화국이 아니라 '자살 공화국'이라는 자조 섞인 용어가 일상화한 것이 지금의 한국 사회다.

생존전략으로서의 '강자 동일시' 심리 구조

이러한 'IMF 트라우마'는 사람들의 내면세계에 무엇을 남겼나? 그것은 뿌리 깊은 두려움이다. 아무도 나를 지켜 주지 못한다는 두려움, 언제 잘릴지 모른다는 두려움, 자칫 방심하다간 밀려난다는 두려움, 저항하고 투쟁해 봐야 남는 것 없고 상처만 받을 것이라는 두려움, 명분이나 의리, 정의를 외치다 실리를 다 놓칠 것이라는 두려움, 세상에서 인정하는 기준에 못 미치는 패자가 될 것 같은 두려움, 거의 죽음과 비슷한 두려움이 모두를 짓누른다.

1997년 이후 대량실업과 정리해고를 당한 이들은 물론, 그 주변에서 이들의 실상을 간접 경험한 이들조차 트라우마가 남긴 두려움에 시달린다. 이제 낙오의 두려움 내지 생존의 두려움에 시달리는 사람들은 어떻게 대처하는가?

A. O. 허쉬먼 교수가 1970년에 펴낸 『Exit, Voice, and Loyalty』에 따르면,[4] 어떤 조직체나 국가에 대해 불만족하는 입장에 놓인 사람들은 떠나거나 아니면 남겠다는 결정, 즉 이탈(E, Exit)을 하거나 충성(L, Loyalty)[5]을 다하는 선택을 한다. 아니면, 목소리(V, Voice)를 내면서 불만족스런 상황을 고치기 위해 노력할 수도 있다. 그 이후에 다른 연구자들은 한 가지 옵션을 더 추가했는데, 그것은 비록 불만스런 상황이 있더라도 일단 내 목숨만 살아 있다면 무엇이 어떻게 되어도 좋다는 식, 즉 무관심(N, Neglect)형이 있다는 것이다. 그래서 오늘날 이 행위 모형은 EVLN 모형으로 알려져 있다.[6]

이 EVLN 모형과 유사하게, 두려움에 시달리는 사람이 선택하는 행위 방식을 보자. 우선, 이탈하거나 충성하거나. 두려움의 경우, 도피(Escape)하거나 동일시(Identify)하는 방식으로 나타난다. 다음으로, 목

소리 내거나 무관심하거나. 두려움의 경우, 직면(Confront)하거나 억제
(Repress)하는 방식으로 나타난다. 여기서 우리는 두려움을 직면하기보
다 도피, 동일시, 억제 등의 형태로 외면하는 경우가 다반사임을 알
수 있다.

두려움을 직면한다는 것은 그 두려움을 빤히 들여다보고 그것의
실체가 무엇인지 차분히 따져 보는 것, 그러는 가운데 궁극적으로 두
려움을 넘어서는 길을 찾아내는 것이다. 일례로 실업의 두려움에 빠
진 경우, 실업의 실체가 자신의 존재가치 상실이 아니라 원래 자본주
의 시스템의 작동방식 중 한 측면이자 그 존속을 유리하게 만드는 조
건임을 들여다보는 것이다. 그것도 노동자 간 단결과 연대가 부족해
분열과 경쟁을 함으로써 더욱 증폭되고 현실화한다는 것, 이것을 꿰
뚫어 보는 것이다. 그 과정에서 흥미로운 일이 일어난다. 그것은 어
느새 두려움의 위력이 사라지는 것! 그리하여 더 이상 두려움에 떨
필요가 없게 된다. 너도나도 서로 소통하며 두려움과 그 실체를 더
많이 직면할수록 두려움이 더 많이 사라지게 된다. 이는 슬픔의 경
우와도 비슷하다. 우리가 특별히 슬플 때, 슬픔을 회피하거나 슬픔에
압도되지 말고 가만히 들여다보라. 이상하게도 그 슬픔이 조용히 사
라짐을 느끼게 될 것이다.

한편, 우리는 두려움을 직면하기보다 도피, 동일시, 억제 등의 형
태로 외면 내지 부인하기 일쑤다. 그것은 솔직히, 두려움 자체를 두
려워하기 때문이다. 두려움으로부터의 도피는 대체로 술이나 담배,
음식 등으로 표현된다. 술이나 담배, 음식 등에 빠짐으로써 두려움을

떨치려는 시도다. 두려움의 억제는 억지로 감추는 것, 참는다는 이름 아래 억누르는 것이다. 그러나 이 억압의 에너지는 마치 떨어진 공이 튀어 오르듯 반대 방향으로 향한다. 대체로 분노나 화, 공격성으로 드러난다.

그렇다면 동일시란 무엇인가? 이것은 실은 '강자 동일시'다. 자신을 억압하는 존재에 대해 그를 대상으로 싸우거나 도망가기 힘든 상황에서의 생존법이다. 그 강한 존재 앞에 무릎 꿇고 '형님, 잘 받들겠습니다'라고 맹세하는 것이다. 이는 주로 조폭 집단이나 검찰 조직, 위계적 기업, 관료 조직 등에서 쉽게 발견된다. 특히 한국은 사회관계에서 '형님-동생'으로 상징되는 서열 순위를 중시한다. 그러나 강자 동일시는 개인적 관계를 넘어 시스템과의 관계에도 적용된다. 역사적으로 1945년 해방 이전에는 일본 제국주의가 막강하다 보니 그들과 강자 동일시를 함으로써 (그들에게 빌붙음으로써) 자신의 생존이나 출세를 도모한 이들이 많았다. 그리고 해방 이후에는 미국 제국주의나 (수십 년의 군부독재와 함께) 한국 자본주의가 막강하다 보니 (특히 한국전쟁에서 '까딱 잘못하다가는' 총 맞아 죽기 쉬움을 체득한 상황이다 보니,) 자본주의 시스템과의 동일시를 공고히 하게 된다. 그 결과 '딴생각' 내지 '딴소리' 하는 사람들은 같은 한국인이라도 '적'으로 낙인찍혀 배제되었다. 이는 또 두려움을 증폭했고 강자 동일시를 강화했다.

그렇다면 'IMF 트라우마'와 강자 동일시는 무슨 연관이 있을까? 그것은 기존의 트라우마와 강자 동일시 심리를 한층 더 강화하는 효과를 지닌다. 대량실업과 정리해고로 상징되는 'IMF 트라우마'는 마침내 사람들 내면에 마지막으로 남아 있던 인간적 유대감 자리에 계산적 심성을 불어넣었다. 이 계산의 중심엔 자기 이익이 자리 잡았다. 그 논리는 이렇다. 'IMF 체제하에서 과연 어떻게 해야 내 생존과 성공에 가장 도움이 될까?'

그러나 여기엔 우리 모두를 이런 식으로 만든 시스템에 대한 비판적 성찰은 거의 없다. 오직 선택지는 강자 동일시밖에 없는 듯 보인다. 주어진 시스템을 당연시한 상태에서, '어떻게 하면 최선의 이익을 얻을 수 있나?' 이런 식으로 생각하는 것이다.

경쟁 공화국 – 꺼지지 않는 학원 불빛과 아이들의 사라진 꿈

도시의 학원가는 아이들로 붐빈다. 심지어 토요일 밤 10시경까지도 아이들은 학원에서 '열공'한다. 많은 부모들이(특히 엄마들) 그 아이들을 픽업하러 대기한다. 그 덕에 주변 교통이 제법 복잡해진다. 서울 대치동이나 목동의 풍경이 전국 어디에나 펼쳐진다. 대학입시를 위해 학원에 목을 매는 아이들은 연말도 없고 토요일도 없다. 부모들은 시간과 돈, 에너지를 아이의 장래를 위해 투자한다. 투입되는 자원이 많아질수록 아이들은 부채 의식을 느끼고, 만일 부모님의 기대나 소원을 풀어 드리지 못한다면 죄의식을 갖는다. 그 부모들 역시 제법 오랫동안 시간, 돈, 에너지를 투자했는데, 그 투자수익률이 원하는 대로 나오지 않으면 배신감과 허탈감을 느낀다. "이 '웬수'야!" 결국 부모-자녀 관계가 소외로 다가온다.

아이들은 자기 나름대로 강자 동일시를 한 채 'SKY 대학' 내지 'In Seoul 대학'에 들어가기 위해 경쟁한다. 형식적으로는 자유주의 국가에 살지만 우리나라 아이들은 자유주의가 아니라 전체주의적 삶을 산다. 개인적 출세를 위해 각자도생을 하기는 하는데, 그 방식은 너도나도 동일한 모습이라 마치 전체주의 국가와 비슷하다. 이러니 아이들이 언제 꿈을 키우고 언제 개성이나 소질을 발견하나? 한국 교육은 부모나 교사가 아이의 미래를 위해 엄청난 헌신과 희생을 하지만, 실제로는 아이의 몸과 마음에 대해 일종의 학대를 하고 있다. 온 나라가 제정신이 아닌 셈이다. 이 사실을 인정하느냐, 부인하느냐, 이것이 문제로다!

그러면 제정신인 나라의 아이들은 어떻게 꿈을 키우는가? 그 핵심을 한마디로 말하면 '자유(自由)'로 압축된다. 내가 직접 경험한 나라들만 해도 독일, 캐나다, 스웨덴 등이 있는데, 이 나라들에서는 아이들의 자유를 매우 중시한다. 그런데 우스꽝스럽게도 이 자유 개념은 우리나라에서 가장 왜곡된 개념 중 하나다. 원래 자유란 '스스로 말미암는다'는 뜻으로, 자신의 내면에서 마음이 움직여 어떤 행동을 하는 것이다. 독일, 캐나다, 스웨덴 등에선 아이들이 학교 수업이나 동아리 활동 속에서 자신의 꿈을 탐색한다. 이것저것 자유롭게 해 보면서 과연 이것이 자신의 적성이나 소질에 맞는지, 꿈이나 끼와 어떻게 연결되는지 찾아 나가는 것이다. 성급하지도 않다. 초중고 시절을 거치며 단계마다 자신의 삶을 즐기면서도 미래의 삶을 천천히 설계한다. 만일 중학교나 고등학교를 끝내고도 향후 진로에 대해 확신을 갖지 못한다면 1~2년 정도 쉬었다 간다(갭 이어Gap year). 즉 한국처럼 학력이나 학벌을 중시하기보다 아이의 소망과 학교의 방향이 잘 맞는지를 기준으로 진로를 탐색한다. 그 과정에서 아이들은 아무 부담감이나 두려움 없이 자유롭게 선택하고 체험한다. 그런 과정을 즐기고 또 느낀다. 느낌에 '이것이다!'라고 올 때, 즉 '삘'이 꽂힐 때, 나름 확신을 갖고 선택한다. 그리고 아이들이 어떤 선택을 하더라도 나중에 그 선택을 바꿀 수도 있어 두려움이 크지 않다. 게다가 어느 선택지를 따라 졸업을 하고 취업을 해도 사회적 대우(경제적, 심리적)에 치명적인 차이가 없다. 노동 및 복지 시스템이 보완적으로 뒷받침해 주기 때문이다.

나부터 실천

1. '경쟁 공화국'에서 살고 있음을 직시하기

2. 아이를 맹목적 경쟁 게임에 몰아넣지 않기

3. 아이가 정말 좋아하는 것을 자연스레 발견하도록 격려하기

4. 진정 '잘 산다는 것'이 무엇인지 성찰하고 토론하기

5. 두려움을 회피, 억제, 강자 동일시로 외면하지 말고 직시하기

1. ———

1   자살의 현실과 원인, 대책에 대해선, 김태형, 『자살 공화국』, 세창미디
     어, 2017 참고.

2   부채, 즉 빚이 돈(신용화폐)의 기원이자 본질이다. ① 국가는 공공 서비
     스를 빚으로 해서 중앙은행권(돈)을 발행하고, ② 은행은 (예)금을 빚으
     로 해서 은행권(돈)을 발행한다. 빚의 상징인 돈을 번 사람은 무슨 상품
     이건 살 수 있기에 화폐 물신주의나 상품 물신주의에 쉽게 빠진다. 세
     계의 기축통화인 미국 달러에서 이 성격이 가장 잘 드러난다. 김용진,
     『돈의 진실』, 해드림, 2013, 182~184쪽 참조.

3   나는 이를 '노동 트라우마(labor trauma)'라 부른다. 이에 대해선 7부 내
     용(163쪽) 참조. 트라우마로 한국 사회를 살핀 책으로, 강수돌·H. 하이
     데, 『중독의 시대: 대한민국은 포스트 트라우마 중독사회다』, 개마고원,
     2018; 김동춘 외, 『트라우마로 읽는 대한민국』, 역사비평사, 2014; 김태
     형, 『트라우마 한국사회』, 서해문집, 2013; 유선영, 『식민지 트라우마』,
     푸른역사, 2017 등 참조.

4   A. O. Hirschman, *Exit, voice, and loyalty: Responses to decline in firms,
     organizations, and states*, Boston: Harvard University press, 1970.

5   원래 복종(굴복)과 충성(헌신)은 다른 차원이 있는데, 흔히 권위에 복종
     하는 사람들은 자신이 도덕적으로 선택한 것에 충성하는 것이라 정당
     화함으로써 복종을 은폐하는 경향이 있다. 자기기만이다.

6   D. Farrell, Exit, voice, loyalty, and neglect as responses to job
     dissatisfaction: A multidimensional scaling study, *Academy of*

Management Journal, 26(4), 1983, pp. 596~607; M. Hagedoorn, N. W. Van Yperen, E. Van de Vliert & B. P. Buunk, Employees' reactions to problematic events: A circumplex structure of five categories of responses, and the role of job satisfaction, *Journal of Organizational Behavior. The International Journal of Industrial, Occupational and Organizational Psychology and Behavior*, 20(3), 1999, pp. 309~321; Y. Y. Seo, S. E. Park & C. J. Kim, An empirical study on the effects of organizational cynicism and EVLN responses on organizational commitment and Pro-union behavioral intentions, *International Journal of Contents*, 7(2), 2011, pp. 36~41 등 참조.

2부

왜 우리는
'자유로부터 도피'
하는가?

우리가 오늘날
자연스럽게 수용하는
'경쟁'의 가치와 이념이 진정
자유로운 선택의 결과인가?

에리히 프롬의 『자유로부터의 도피』

『자유로부터의 도피』(*Escape from Freedom*)는 독일 철학자 에리히 프롬이 1941년에 낸 책으로, 제1차 세계대전 뒤인 1933년에 '합법적으로' 권력을 장악한 독일 나치의 등장 배경을 해명하고자 했다. '봉건제를 타파하고 자유를 쟁취한 국민 내지 시민들이 어떻게 해서 무시무시한 나치즘을 지지하게 되었는가?' 이것이 프롬의 문제의식이다.

그렇다면 독일 나치즘(National Socialism)이란 과연 무엇인가? 그것은 일종의 인종주의적 권위주의 체제로, 안으로는 사람들의 비판적 이성을 불신하고 밖으로는 외국인 혐오와 전쟁을 통해 공격적 팽창을 추구하는 극우 이데올로기다. 그런데 이는 말로는 '국가 사회주의'라 칭하지만, 실상 그 본질은 위기에 처한 독일 자본주의를 구하기 위한 사회정치 사상이다.

『좋은 전쟁이라는 신화』의 저자이기도 한 캐나다의 정치사학자 자크 파월(Jacques Pauwels)은 『자본은 전쟁을 원한다』(오월의봄, 2019)에서 이에 대한 훌륭한 설명을 제시한다. 유럽에서도 후발산업국인 당시 독일의 국가경제는 선발산업국인 영국이나 프랑스에 비해 상품소비 시장이 부족했기에 새로운 시장 개척 차원에서라도 전쟁이 필요했고, 이런 맥락에서 히틀러의 나치 체제는 독립적으로 등장한 게 아니라 독일 자본가들이 선택하여 지원한 결과였다는 이야기다. 특히 4장의 "우리가 히틀러를 고용했다"는 소제목은 바로 이런 맥락적 진실을 잘 드러낸다. 자본이 그 이윤 욕망을 위해 당시의 조건에 가장 적합하다고 판단한 리더를 선택했다는 것이다. 게다가 자크 파월은 독일뿐 아니라 미국 역시 히틀러와 나치즘을 지지했다고 말한다. 왜냐하면 미국의 산업계 및 금융계 자본가 역시 히틀러식의 강력한 리더십이 이윤 획득에 유리하다고 보았기 때문이다.

그러나 내가 볼 때, 자본의 관점에서 상품 판매를 위한 시장 부족이라는 변수 외에도 당시 독일 상황에는 한 가지 변수가 더 있었다. 그것은 제1차 세계대전(1914~18) 전후로 노동자평의회 운동을 비롯한 사회진보 운동이 거셌던 상황이다. 그 1차적 타협이 1919년 사민주의 성격인 바이마르 공화국(Weimar Republik)의 등장이다. 이 공화국은 자본과 노동 사이에서 어정쩡한 타협을 추구하는 가운데, 노동 진영과 자본 진영 양측에게 불만을 안겨 주었다. 특히 1929년 미국발 세계 대공황은 유럽이건 미국이건 자본에게 큰 위기였다. 돈벌이의 위기! 이에 자본 진영은 단호히 바이마르 공화국을 포기하고 극우 성향의 나치를 '고용'(선택)하기 시작했다. 달리 말하면 세계자본은 그 축적 위기를 돌파하기 위해 독일의 나치(크게 보면 일본과 이탈리아의 파시스트 포함)에 대규모 투자를 한 셈이다.

그렇다면 과연 어떤 기업들이 나치를 지원함으로써 제2차 세계대전으로 이득을 보았는가? 독일 기업으로 가장 대표적 수혜자는 다임러 벤츠, 도이체 방크, 폭스바겐, BMW, IG 파르벤 등을 들 수 있다. 미국 기업으로 대표적 수혜자는 코카콜라, IBM, ITT, 스탠더드 오일, 포드, 제너럴 모터스, 코닥 등이다. 이들 대부분 2017년 경북 성주 사드 배치로 널리 알려진 록히드 마틴 등과 더불어 오늘날 '군산복합체'의 핵심을 이룬다. 이 기업과 은행들은 히틀러의 나치를 적극 후원함으로써 전쟁 과정에서는 물론 그 이후의 재건 과정에서도 큰 이득을 봤다. 제2차 세계대전 동안 이 미국 기업들은 나치스의 보호 아래 독일에 자회사를 세워 전쟁 물자를 생산했고, 미국의 은행들은 뒤에서 자금을 지원하고 이득을 봤다. 전쟁터에 끌려간 양 진영의 이름 없는 병사들은 자본의 돈벌이를 위한 톱니바퀴였다.

이렇게 나치즘은 1930~40년대 독일에서 자본주의가 수익 극대화 실현을 위해 선택한 체제였다. 즉 1929년 말 세계 대공황 발발 이후 독일 자본가들의 눈에 히틀러는 자신들이 원하는 방식으로 독일의 정치·경제적 문제를 풀 지도자였다. 특히 그가 공산주의자와 사회주의자, 노동조합과 같은 자본의 적들을 분쇄해 줄 것을 기대했다. 실제로 히틀러는 집권 직후 공산주의자를 탄압했다. 이어 사회주의자, 노동조합원, 유대인을 차례로 가두었다. 그래서 집단수용소를 곳곳에 세웠던 것이다.

나아가 아우슈비츠를 비롯한 강제수용소의 유대인이나 전쟁포로들은 단순한 억압 대상에 그치지 않았다. 이들은 영화 〈쉰들러 리스트〉에도 나오듯 노동력 착취의 대상이었다. 피, 땀, 눈물에 기초한 높은 수익성은 미국의 대공황 극복에도 결정적 요인이 되었다. 그 뒤로 이렇게 축적된 자본은 세계 정치경제의 패권을 차지하는 기반이 된다. 이 기업들은 오늘날까지 세계의 정치경제를 좌우하는 초국적 자본이 되었다.

자크 파월의 설명이 당시 자본의 전략변수로서 나치가 부상했다는 것이라면, 에리히 프롬은 그러한 나치의 부상에 이른바 보통사람들이 어떤 역할을 했는가를 묻는다. 특히 나치즘을 지지하는 세력의 중심에 소상인, 장인, 사무직 노동자로 이뤄진 하층 및 중산 계급이 있었다. 달리 말해 중세 봉건 사회를 타파하고 등장한 근대는 사람들에게 자유와 평등, 우애의 가치를 심어 주었는데, 특히 비싼 대가를 치르고 획득한 자유를 왜 사람들이 스스로 포기하고 파시즘의 전체주의에 열광했는가를 물었던 것이다.

이에 대해 프롬은, 자유란 견디기 어려운 고독과 통렬한 책임이 따르기에 사람들은 그 부담이 싫어 자유를 스스로 버렸다고 했다. 그리고 이를 '사회적 성격'이란 용어로 설명했다. 당시 보통사람들의 사회적 성격이 스스로 자유의 무게에서 벗어나 새로운 의존을 추구하는 성향, 즉 권위주의적 성격을 지니게 되었다는 것이다. 이런 성격을 가진 사람은 권위를 따르기 좋아하는 한편, 스스로 권위를 갖고 싶어

하고 동시에 다른 사람을 복종시키고 싶어 한다. 앞서 말한 '강자 동일시' 심리와 일맥상통한다.[1]

한국 사회에서 자유(自由)의 배신

나는 자유, 평등, 우애 등 1789년 프랑스혁명으로 상징되는 근대 시민혁명의 이념과 가치를 존중한다.[2] 사람이 사람답게 사는 데 이 가치들이 기본이라 보기 때문이다. 여기서 자유란 그 어떤 신분적, 제도적 구속으로부터의 자유와 동시에 양심이나 종교에 따른 자유도 의미한다. 그리고 평등이란 '1인 1표' 구호에서처럼 만인의 평등이다. 국적이나 민족, 피부색, 돈이나 학벌 등에 따른 차별이 없는 세상, 나아가 누구나 한 사회의 구성원으로서 일정한 권리를 행사할 수 있는 세상을 뜻한다. 끝으로 우애란, 사람과 사람 사이에 증오나 경멸, 배제나 억압 없이 서로 우정과 인정을 나누며 산다는 가치다. 한마디로, '더불어 산다'는 이념이다.

이런 내용을 가진 이념과 가치를 반대할 사람이 있는가? 하지만 문제는 이런 이념과 가치가 생성된 역사적 맥락이 무엇인가다. 그것은 봉건주의 사회 내부에서 서서히 탄생한 상공인 계급, 즉 부르주아 계급이 기존의 봉건주의를 타파하고 자기들의 이해관계에 유리한 이념과 가치를 정립한 결과가 자유, 평등, 우애로 나타났기 때문이다. 따라서 우리가 일반적으로 수용하고 있는 이 좋은 이념과 가치조차 역사적 맥락에서 다시 살펴야 한다.

이런 맥락에서 자유의 이념을 다시 보면, 이는 한편으로 봉건 왕조나 귀족, 지주 등 봉건 체제가 가진 신분적 속박으로부터의 자유, 다른 편으로 신흥 상공인 계급, 즉 자본 계급이 추구하는 돈벌이의 자유를 의미한다. 바로 이 지점이 핵심인데, 대한민국 헌법에서도 명시하고 있는 "자유 민주주의 체제"란 바로 이 봉건 속박으로부터의 자유와 더불어 돈벌이의 자유를 핵심 가치로 하는 시스템이란 뜻이다. 결국 자유 민주주의는 자본의 이념이다.

같은 맥락에서 평등이란 것도, 성인 남성 중심의 평등이면서 그것도 주로 '1인 1표'라는 투표권이나 '1원 1표'라는 주주권을 뜻한다. 물론 이는 자본주의 발달과, 여성 참정권 운동이 고양되면서 여성 참정권 확대를 낳았다. 우리가 아는 선진국들도 처음에는 여성들에게 투표권을 주지 않았다.[3] 교육에서의 평등 역시 누구나 교육을 받을 권리를 명시하지만 실제로는 '능력'에 따라 다른 교육을 받는다. 그 '능력'에는 부모의 재력이나 인맥이 큰 작용을 한다. 이런 의미에서 평등의 가치 역시 역사적, 사회적 맥락에서 보면 결코 '순수'하진 않다.

우애는 어떠한가? 우애 역시 글자 그대로는 우정과 애정으로 인간관계를 맺는다는 것이지만, 실제로는 많이 가진 자가 쪼들리는 자를 위해 가진 것의 일부를 나눠 준다는 '노블레스 오블리주', 즉 가진 자의 의무 정도에 그친다. 여기서 문제는 이 사회가 한편에는 많이 가진 자, 다른 편에는 쪼들리는 자로 양극화한 상태이고 그것이 갈수록 '부익부 빈익빈'으로 심해지는 상황에서, 근본적 평등화 조치 없이 과연 '노블레스 오블리주' 정도로 우애가 실현될 것인가 하는 점이다.

이제 다시 자유의 가치 문제로 돌아가 보자. 봉건적 구속으로부터의 자유는 모두 동의하는 바이지만, 돈벌이의 자유는 매우 조심스레 살펴야 한다. 왜냐하면 자본을 가진 자들이 돈벌이의 자유를 추구하는 가운데 수많은 타인들(노동자, 농민, 학생, 여성, 노인, 장애인, 어린이, 외국인 등)의 자유를 빼앗는 모순을 낳기 때문이다. 나아가 나라와 민족을 불문, 인류 전반이 지구 생태계의 자유를 억압(자연 파괴, 자원 고갈, 기후 위기, 생태계 위기 등)하기 때문이기도 하다.

에리히 프롬은 자유엔 고독과 책임이 따른다고 했다. 특히 자유에 따른 책임과 관련, 이를 사회적, 생태적 관계 속으로 확장해서 이해해 보자. 돈벌이의 자유를 사회적 관계 속에서 이해하면, 타인의 자유를 억압하지 않고 돈벌이를 한다(경제 생활을 한다)는 것이 어떻게 가능한가? 또 이를 생태적 관계 속에서 이해하면, 자연의 자유를 억압하지 않고 돈벌이를 한다는 것이 가능하기라도 한가? 오늘날 우리가 매일 경험하는 차별과 억압, 파괴와 오염은 돈벌이의 자유를 아무 책임감 없이 추구한 결과가 아니던가?

특히 한국 사회에서는 '자유'라는 이름이 붙은 단체나 조직치고 진정 자유로운 곳은 별로 없다. 정말 안타까운 일이다. 노골적으로 '자유'를 내세우는 조직들이 사실상 지향하는 가치는 돈벌이의 자유, 자본의 자유다. 이를 위해 정치적으로는 자본의 우두머리 내지 자본의 이익을 대변하는 자들에 머리를 조아리고 복종과 충성을 맹세하는, 권위주의 권력을 추종한다. 따라서 이미 조직 분위기 자체가 숨이 막힌다. 대표적으로 재벌 회장이나 전경련 회장, 그리고 박정희나 전두환 앞에 머리를 조아리며 충성과 복종을 맹세하던 사람들을 상상해 보라. 지금도 대기업 사장이나 회장 앞에 그 부하들이 벌벌 떠는 모습을 보라. 그 어디에 참된 의미의 자유가 있는가? 자유의 배신!

그러나 대한민국만 그런 게 아니다. 이 '자유의 배신'은 자유 민주주의, 즉 자본주의를 지향하는 그 모든 나라에서 갈수록 더 많이 관철된다. 물론 노동조합, 노동자 정당, 시민사회단체 등의 집단적 파워가 얼마나 자본의 자유에 제약을 가하는가에 따라 그 결과는 다소 차이를 보인다. 예컨대 같은 자본주의라도 미국식과 유럽식은 상당한 차이를 보이며, 같은 유럽 안에서도 남부 유럽보다 중부, 중부 유럽보다 북부 유럽이 자본의 돈벌이 자유에 더 많은 제약을 가한다. 달리 말해 원래적 의미의 인간적 자유가 더 많이 보장된다.

여기서 중요한 점 하나는, 마치 가정에서 부모가 자녀들에게 사랑이라는 이름의 폭력을 가하고 자녀들은 그런 부모와 동일시하면서 복종하듯, 학교나 직장, 사회에서도 국가가 애국애족이라는 이름의 폭력을 가해도 국민들은 국가와 민족을 동일시하면서 복종하는 경향이 있다는 것이다. 이렇게 가정이나 사회에서 그런 복종과 순응이 이뤄지는 근본 토대에는 권력에 대한 두려움이라는 무의식이 깔려 있다.[4] 따라서 저 유명한 스탠리 밀그램 실험(1963, 1975)에서 잘 드러나 듯, 평소에 합리적 행위나 논리적 사고를 하는 사람들일지라도 막강한 권위나 권력 아래선 비인간적 지시(살인, 고문, 폭력, 경쟁 등)조차 맹종하는 경향이 있다. 유아 때부터 몸으로 체득, 무의식 깊숙이 뿌리내린 '강자 동일시'(복종) 심리 때문이다. 독재나 파시즘이 '합법적' 선거를 통해 실현될 수 있었던 배경이다. 독재자를 지지하는 국민들은 자신이 권위에 복종(자기 존재를 부정)하고 있음을 느끼지 못한다. 나라 사랑, 또는 '애국애족'을 하는 것이라 착각하기 때문이다.

경쟁이 없으면 발전이 없다?

이제부터 '경쟁'에 대해 본격 검토해 보자. 자유로운 사고를 지닌 사람들은 그 어떤 외부의 강제나 압력도 거부한다. 오롯이 자신의 느낌과 생각에 기초해 책임성 있게 행동하려 한다. 물론 그에는 프롬의 말처럼 고독과 책임이 무겁다. 그러나 이 고독과 책임은 자유에 대한 부담인 동시에 자유를 한층 고양하는 역할을 한다. 진정한 자유는 외적인 조건이 아니라 내면의 자유에서 나오는 것이기에, 궁극적 선택은 아무리 수많은 사람들에게 자문을 구하고 의논을 하더라도 최종적으로는 고독한 개인의 몫이다. 바로 그 개인이 책임감을 갖고 자유로운 판단이나 선택을 한다면 그 판단과 선택의 격은 높아지기 마련이다.

그러나 우리가 오늘날 자연스럽게 수용하는 '경쟁'의 가치와 이념이 진정 자유로운 선택의 결과인가? 중고교에서 일상적으로 행해지던 '야간 자율학습'은 진정 자율적인 것이던가? 설사 야간 자율학습을 선택했다 하더라도, 그것을 참된 자유 선택의 결과라 할 수 있는가? 아니면 이를 '강제된 자율'이라 불러야 마땅한가?

이런 관점으로 보면 통상적으로 우리가 자유롭게 선택하거나 판단하고 있다고 여기는 많은 것들이 실은 '강제된 자유'의 결과로 보인다. 그중 한 예가 '경쟁이 없으면 발전이 없다'는 논리다. 일견 틀리지 않은 논리다. 하지만 좀 깊이 들여다보면 실상은 복잡하다.

첫째, 경쟁이 없어도 발전을 하는 경우가 많다. 학생의 예를 들면, 공부를 재미있어 하는 이는 누가 지켜보거나 시험점수 경쟁을 하지 않아도 스스로 열심히 한다. 발명왕 에디슨은 혼자서 연구에 골몰, 수많은 발명품을 만들었다. 핀란드 같은 유럽 학교의 경우, 우리만큼 시험이나 등수를 중시하지 않아도 국제학업성취도평가(PISA)에서 늘 최상위다. 한 사회 전체도 마찬가지다. 꼭 다른 나라와 비교를 하고 경쟁을 해야 발전하는 게 아니라, 스스로의 필요에 따라, 사회적 합의와 열망에 따라 얼마든 발전할 수 있다.

둘째, 경쟁이 있어도 발전을 못 하는 경우가 많다. 한 학급에서 상위 10% 내지 20%를 빼고 나머지는 발전을 제대로 한다고 보기 어렵다. 이들은 경쟁으로 말미암아 약간의 자극을 받을 것이다. 하지만 ① 그 자극으로 인해 '발전'하는 부분과, ② 이들이 경쟁의 자극 없이 (더디더라도) 자아발견을 위해 자유롭게 선택하고 행동함으로써 '발전' 하는 부분을 비교한다면 어느 것이 더 나을까?

셋째, 경쟁으로 말미암아 상호 발전이 지체된다. 한 학급에서 전교 석차를 다투는 라이벌이 있다고 하자. 이 라이벌끼리는 서로 정보 공유가 안 된다. 서로 질투하고 시기, 경쟁이 심해서 인간관계마저 나빠지기 쉽다. 요즘 대학생의 경우, 노트를 빌려 보거나 시험 관련 정보를 서로 물어보는 것조차 '민폐'로 여긴다. 서로가 서로에게 보완이 되어 상호 발전을 도모하는 좋은 인간관계를 맺을 수 있음에도, 경쟁이라는 변수가 이것을 저해한다.

넷째, 경쟁으로 말미암아 삶의 퇴행이 촉진된다. 학교에서만이 아니라 직장에서도 일자리를 두고 경쟁이 치열하다. 정규직끼리의 승진 경쟁 내지 생존 경쟁도 치열하고, 비정규직과 정규직 사이의 생존 경쟁 내지 성과 경쟁 역시 치열하다. 그 과정에서 경쟁하는 당사자 모두 스트레스에 노출되고 인간성이 황폐화한다. 삶의 증진 내지 진보가 아니라 퇴행이 촉진된다.

결국 '경쟁이 없으면 발전이 없다'는 논리는 진정 자유로운 사람의 논리가 아니라 자본의 논리 내지 '강제된 자유'를 내면화한 자들의 논리다. 진정 자유로운 사람의 논리는 경쟁이 아니라 협동이다. 협동을 통해 상호 발전과 삶의 고양이 이뤄질 때, 개인은 물론 사회 전체가 제대로 발전한다. 이런 면에서 앞에서 말하는 '발전'이란 게 도대체 무엇을 말하는지에 대한 성찰이 필요하다.

경쟁이란
결국
자본 간 경쟁

이제 분명해진 것은 '경쟁이 없으면 발전이 없다'라는 명제는 자본의 관점이란 점이다. 자본의 관점에서는 자본 사이에 경쟁을 해야 발전한다는 논리가 성립한다. 그렇다면 자유 민주주의 사회, 즉 자본주의 사회에서 자본 간 경쟁이란 무엇을 의미하나? 자본 간 경쟁이 발전을 촉진한다는 말은 어떤 식으로 나타나는가?

첫째, 자본 간 경쟁은 상품의 발전을 촉진한다. 상점이나 공장이 하나만 있을 때, 해당 자본이 누리는 독점적 지위로 인해 상품의 발전은 거의 없다. 그러나 경쟁상점이나 경쟁업체가 둘, 셋 생기기 시작하면 서로 자극을 받아 소비자에게 더 매력적인 상품을 개발하게 된다. 갈수록 연구개발(R&D) 부서가 중요해지는 까닭이기도 하다. 따라서 일반적으로 자본 간 경쟁에서 '소비자'들이 혜택을 본다는 점을 부인하기 어렵다. 하지만 상품에의 접근성이 높아지고 가격이 싸진다고 늘 소비자들이 혜택을 본다고 할 순 없다. 왜냐하면 요즘엔 상품의 발전이 진전된 나머지 스마트폰이나 냉장고, 세탁기 등을 3년 내지 5년 정도 쓰고 나면 고장이 나도록 미리 디자인하기도 하기 때문이다.

둘째, 자본 간 경쟁은 기술의 발전을 촉진한다. 상품의 발전은 동시에 기술의 발전이기도 하다. 제품기술, 디자인기술, 제조기술, 공정기술, 유통기술, 배달기술, 판매기술, 신용기술, 지불기술, 광고기술, 서비스기술 등 전방위로 기술이 발전한다. 요즘은 '빅 데이터'를 활용해 소비자에게 적시적소에 상품을 홍보, 선전, 광고할 정도다. 일례로 내가 오늘 인터넷에서 손목시계에 관해 여러 곳 검색했다면 다음 날부터 약 일주일 이상은 내 PC에 자동으로 손목시계 광고가 등장한다. 또 내가 구글 학술 검색에서 특정 논문을 찾아본 경우, 그 주제와 관련성 높은 자료들에 관한 안내가 내 메일로 계속 들어온다. 결국 내게 필요하다 싶은 것들이 모두 상품으로 제공된다. 요즘은 인터넷 구매가 너무나 일상화했을 뿐 아니라 구입 상품에 대한 지불방식도 초스피드 시대로 진입했다. 복잡한 과정을 몇 차례 거치지 않고도, 해킹 위험도 없이, 내 통장 계좌에서 상품 판매처 계좌로 돈이 순간 이동한다.

셋째, 자본 간 경쟁은 경영의 발전을 촉진한다. 자본 간 경쟁이 치열해지면서 주먹구구식 경영은 망하기 쉽게 되었다. 대체로 경영의 역사는 주먹구구식 경영에서 과학적 경영을 거쳐 인간관계 중시 경영, 시스템 중시 경영, 리더십 중시 경영, 전략적 경영, 고객 중심 경영, 인간존중 경영, 혁신적 경영, 게릴라식 경영, 가족친화적 경영, 환경친화적 경영 등 다양한 형태로 발전해 왔다. 개별 자본은 자신의 경쟁력을 드높이기 위해 자금력, 기술력뿐만 아니라 정보력까지 확보하려 애쓴다. 이를 위해 한편으로는 국가 정보기관 이상의 정보 요원들을 전국 각지, 세계 각지에 파견하고, 다른 편으론 대학 등 연구기관과 '산학협력'을 전략적으로 추진한다.

넷째, 자본 간 경쟁은 자본의 축적을 촉진한다. 자본의 축적은 크게 두 가지 형태로 나타난다. 하나는 집적, 다른 하나는 집중이다. 집적은 한 곳에 있는 자본의 덩치가 더 커지는 것이다. 영세기업에서 중소기업으로, 중견기업으로, 마침내 대기업으로 성장하는 것이다. 집중은 여러 곳에 분산되었던 자본이 한 곳으로 모여드는 것이다. 수백 개의 개별 기업이 도산, 인수, 합병 등을 거듭해 대여섯 개의 거대 자본으로 모이는 것이다. 여기서 중요한 점이 하나 발견된다. 그것은 자본주의가 경쟁을 촉진하면서도 경쟁에서 패배, 몰락할 것이 너무나 두려운 나머지 경쟁을 하지 않으려 '독과점'으로 달리는 것! 그렇게 독과점적 지위, 이른바 시장지배적 지위를 확보한 기업들이 독점 자본 내지 (일본, 한국의) 재벌이다.

다섯째, 자본 간 경쟁은 노동의 포섭을 촉진한다. 바로 이 점이야말로 가장 중요한 측면이다. 말이 좀 어렵다. 자본끼리 경쟁하는데 왜 노동의 포섭이 촉진되는가? 노동의 포섭이란 자본이 노동을 자기 품속으로 끌어들이는 것, 즉 자본이 노동을 지배하는 것이다. 이 노동의 포섭에는 형식적 포섭과 실질적 포섭이 있다. 형식적 포섭이란, 형식적으로는 노동이 자본의 통제 아래 있지만 실질적으로는 상대적 자율성을 누리는 경우다. 실질적 포섭이란, 형식적으로만이 아니라 실질적으로도 노동이 자본의 완전한 통제 아래 복속된 경우다. 자본 간 경쟁이 노동의 포섭을 촉진한다는 것은 이 형식적 포섭과 실질적 포섭을 모두 포괄한다. 왜 그런가?

이를 쉽게 이해하기 위해 학창 시절 운동장에서 있었던 '선착순 달리기'를 상상해 보자. 체육시간에 운동장에 모인 아이들은 형식적으로는 체육 선생님의 통제 아래 있다. 하지만 막상 수업을 진행하려고 하니 아이들이 말도 듣지 않고 선생님의 통제를 벗어나려 한다. 화가 난 선생님은 꾀를 낸다. '선착순 달리기'다. 규칙은 이렇다. 출발선에서부터 운동장 반대편에 있는 철봉을 재빨리 돌고 오는 것이다. 1등부터 3등까지는 달리기를 면제해 준다. 4등 이하는 다시 뛰어야 한다. 다시 1~3등은 빼 준다. 나머지는 또 뛴다. 그렇게 몇 바퀴만 돌고 나면 아이들 전체의 군기가 잡힌다. 서너 바퀴를 돌린 뒤 선생님이 부드럽게 말한다. "여러분, 모두 잘했어요. 오늘 재밌는 것 하려고 하는데, 이제 내 말 좀 들어 볼까요?" 그러면 아이들은 이구동성으로 "네~"라고 세차게 말한다. 실질적 포섭이 완성되는 순간!

자본 간 경쟁도 마찬가지 원리다. A기업과 B기업이 경쟁한다. 현실적으로는 A기업 상품과 B기업 상품 간 경쟁으로 나타난다. 물론 형식적으로는 A기업 노동자와 B기업 노동자 간 경쟁으로 보이기 쉽다. 그러나 실질적으로는 A기업 상품 경쟁력과 B기업 상품 경쟁력의 겨루기다. 그런데 상품 경쟁력은 가격, 품질, 디자인, 서비스 등 다각적 측면으로 측정된다. 자금력, 기술, 아이디어 등이 모두 중요하지만, 대중소비 시장에서 가장 결정적인 것은 역시 가격 경쟁력이다. 이건 다시 노동생산성에 의해 좌우된다. 투입 인력 대비 생산량, 즉 노동생산성이란 결국 자본의 노동에 대한 통제력(지배력)에 따라 달라진다. 역으로, 노동이 자본의 지휘와 명령에 대해 얼마나 '말 잘 듣고'(노동자세), 얼마나 '일 잘하는가'(노동능력)에 따라 노동생산성이 달라진다. (각급 학교에서 아이들의 '학업자세'와 '학업능력'을 보고 우등상을 주는 것도 결국 이 맥락과 연결된다.) 따라서 A기업 상품 경쟁력은 A기업 자본의 노동 통제력과 같고, B기업 상품 경쟁력은 B기업 자본의 노동 통제력과 같다. 요컨대 A기업과 B기업 간 경쟁이란, A기업 노사관계와 B기업 노사관계 간 경쟁으로 나타난다. 즉 노사관계가 경쟁력의 핵심이다.

그런데 바로 여기에 대단히 중요한 비밀이 하나 숨어 있다. 그것은 A기업과 B기업 간 경쟁이 사실상 A기업 노사관계와 B기업 노사관계 간 경쟁으로 나타나는 가운데, 두 기업 모두 경쟁력을 높이고자 노사관계를 철저히 관리하지만, 결국은 두 기업 중 누가 승자가 되는가와는 무관하게 '전반적으로' 자본의 노동에 대한 지배력이 유지된다는 점이다.

이것을 위 '선착순 달리기'로 보면 이렇다. '선착순 달리기'에서 체육 선생님에게는 철수가 1~3등을 하건 영희가 1~3등에 들건 아무 상관이 없다. 선생님 입장에서 중요한 건, 아이들이 제각기 1~3등에 들기 위해 서로 죽기 아니면 살기로 열심히 경쟁하는 일이다. '선착순 달리기' 게임 자체만 계속된다면 선생님 입장에서는 1~3등의 승자 그룹이건, 그 외 나머지 그룹이건 '모두' 통제하기 쉽다. 즉 '선착순 달리기'라는 게임 자체가 누가 승자인지와는 무관하게 '전체' 아이들을 실질적으로 통제하게 만든다. 바로 이것이 경쟁의 비밀스런 효과다.

자본 간 경쟁에서도 각 개별 자본은 승자가 되기 위해 발버둥을 치지만, 그리고 실제로 경쟁 과정에서 파산, 도산, 패망하는 기업도 생기지만, 그럼에도 불구하고 그 누가 승자가 되는지와는 무관하게 전 사회적으로 자본의 노동에 대한 지배력이 변함없이 유지된다는 사실, 이것이 사태의 핵심이다. 즉 자본 간 경쟁은 노동에 대한 지배력, 노동의 포섭을 증진한다. 경쟁의 비밀은 한마디로, 지배력이다.

자유시장,
시장경쟁,
자유경쟁의 끝은?

이 장의 글머리에서 우리는 에리히 프롬이 제기한 '자유로부터의 도피'를 살펴보았다. 어렵사리 자유를 쟁취한 근대 시민들이 왜 스스로 자유로부터 도피하여 강자의 권위 앞에 굴복하고 마는가 하는 문제의식이었다. 물론 프롬의 말처럼 자유란 고독과 책임이라는 부담과 함께 오는 것이기에 그 부담을 꺼리는 시민들이 속 편하게 복종을 선택한 것이라 볼 수 있다. (머리 복잡하게 사업을 하기보다는 속 편하게 남 밑에 들어가 종업원으로 일하는 게

낫다고 생각하는 것도 비슷한 논리다.) 그리고 이것은 앞 장에서 말한 것처럼, 막강한 폭력 앞에 심대한 트라우마를 겪은 자들이 온갖 두려움에 시달린 나머지 일종의 생존전략으로 선택한 '강자 동일시'의 결과라 볼 수도 있다.

그런데 흥미롭게도, 자본 역시 '자유로부터의 도피'를 감행한다. 무슨 말인가? 앞서도 말한 바, 자본은 형식상 자유로운 시장경쟁을 원한다. 그러나 이것은 경제사 측면에서는 봉건제에서 자본제로의 이행기에 나타난 과도기 현상으로 볼 수 있다. 노사관계 측면에서는 노동 전반에 대한 자본 전반의 지배력 유지를 위한 이데올로기라 볼 수도 있다.

우선 경제사 측면에서, 봉건제로부터 자본제로의 이행기에 나타난 과도기 현상이란 말은 무엇인가? 그것은 자본의 요구로, 봉건 세력(절대 군주, 귀족, 지주)에게 간섭이나 통제를 가하지 말고 자본의 자유로운 돈벌이 경쟁을 수용하라는 취지였다. 1776년 애덤 스미스의 『국부론』 역시 국가가 사업의 자유 및 자유로운 시장경쟁을 보장하는 것이 국부를 증가시킬 거라는 논리였다. 그러나 이것은 초기의 과도기적 현상일 뿐, 자유로운 경쟁이 계속되는 과정에서 승리한 자본의 집적, 집중은 심화하고 결국 독과점이 나타난다. 이 독과점의 모순은 국내에서는 공황과 실업으로, 국제적으로는 제국주의, 식민주의와 세계대전으로 나타난다. 이것이 자유경쟁의 종결자다. 다시 말해 자본은 앞에서는 자유경쟁을 외치지만 뒤에서는 자유경쟁을 억압하고 독과점적 지배력을 갖기 위해 발버둥을 친다. 그래도 '자유경쟁이여, 영원하라!'인가?

　다음으로, 자유시장 경쟁을 노사관계 측면에서 볼 때, 노동 전반에 대한 자본 전반의 지배력 유지를 위한 이데올로기라는 이야기는 무엇인가? 바로 이것이 앞서 말한 '선착순 달리기' 비유의 핵심이었다. 시장에서의 자유경쟁이란 자본 간 경쟁, 상품 간 경쟁, 노동자 간 경쟁으로 나타나지만, 결국은 누가 승자가 되고 누가 패자가 되는지와는 무관하게 경쟁 게임이 지속되는 한 사회 전반적으로 자본의 노동에 대한 지배력, 포섭력, 통제력이 영속화한다는 이야기다. 자본은 시장경쟁이라는 메커니즘을 통해 노동자의 자유, 즉 노동하는 사람들이 응당 누려야 할 삶의 자유를 억제하고 박탈함으로써 돈벌이의 자유만 추구한다. 이런 의미에서 보더라도 자본은 사회 전반의 자유를 증진하기는커녕 '자유로부터 도피'한다.

　끝으로, 가장 중요한 이야기가 하나 더 있다. 그것은 자본의 증식 논리 그 자체가 자신의 돈벌이 자유를 억제한다는 뜻에서 '자유로부터의 도피'가 또 존재한다는 점이다. 자본주의를 아주 쉽게 말하면 '돈 놓고 돈 먹는' 세상이다. '돈 놓고'라는 말은 투자를 한다는 뜻이다. '돈 먹는' 건 이윤을 뽑는다는 뜻. 자본이 투자를 해서 이윤을 뽑으려면 '함부로' 해서는 안 된다. 투자처나 투자 방식, 투자 대상 선별 등에서 결코 자유롭지 않다는 이야기다. 가리고 가려서 하더라도 돈벌이가 될까 말까 한데, 함부로 해서는 망하기 십상이다. 노동력과 관련해 이를 달리 말하자면, 자본이 노동력을 고용하더라도 자유롭게 '아무나' 고용해서는 안 된다. 전술한 바, 노동능력과 노동자세가 잘 갖춰진 노동력을 선별해야 한다. 시간과 돈이 드는 일이다. 그걸로 끝이 아니다. 이 노동력을 잘 부려(인사관리, 노무관리) 인건비 이상의 부가가치(잉여가치)를 창출해야 비로소 이윤을 건진다. 그것도 국가에 낼 세금, 지주에게 낼 임대료, 은행에 낼 이자, 주주에게 줄 배당금 등을 모두 초과하는 이윤을 내야 한다. 물론 원료비나 부품비, 에너지비, 기계의 감가상각비 등을 모두 상쇄하고도 남을 정도가 돼야 한다. 그러기 위해서는 인간 노동력에 대한 고도의 통제술이 필요하다. 요즘 같으면 기업들끼리 경쟁적으로 도입하는 신기술이 너무나 비싸기 때문에 그 비용을 제하고도 남을 정도의 노동생산성을 끌어올리기 위해 더욱 고군분투해야 한다. 바로 이런 점에서 자본의 자유는 형식적으로만 자유일 뿐, 실질적으로는 '자유로부터 도피'할 수밖에 없고, 따라서 결과적으로 엄청난 고독과 책임이라는 부담감에 시달릴 수밖에 없다.

바로 이런 이유로, 자본은 돈벌이가 된다면 인간적 필요와는 무관하게 투자를 하게 되고, 반대로 돈벌이가 안 되면 인간적 필요가 존재함에도 외면한다. 자본의 '돈벌이 자유'에조차 진정한 자유가 없다는 모순, 즉 자본은 이윤이 확실히 보장되는 한에서만 지속될 수 있다는 한계를 스스로 안고 있다. 역으로, 자본은 이윤이 나온다면 지옥도 찾아간다. 대표적인 예로, 군수산업의 무기생산이나 원자력 발전소 건설 등은 인류 모두를 위한 인간적 필요 차원에서는 하지 말아야 할 투자지만 한사코 덤빈다. 반대로, 산간벽지나 오지에 사람이 사는데도 그 버스 노선이나 철도 노선을 없애 버리는 민영화를 관철

한다. 또 최근 지구온난화 및 기후 위기 문제를 풀기 위해서라도 더 이상 이산화탄소를 배출해서는 안 되지만, 돈벌이에 도움이 되는 한 이산화탄소 배출을 일삼는 생산, 수송, 소비 등을 '별 생각 없이' 계속 한다. 나아가 새로운 시장, 새로운 원료 공급지, 새로운 투자처를 찾아 오늘날 자본은 우주 공간까지 탐구, 실험 중이지 않던가.

나부터 실천

1. '선착순 달리기' 게임에 더 이상 속지 않기
2. 부모 스스로 참된 자유인으로 살아가기
3. 자녀가 참된 자유인으로 생활하도록 응원하기
4. '경쟁이 없으면 발전이 없다'는 논리를 반박해 보기
5. 경쟁이 없어도 발전이 가능함을 실천으로 증명하기

2. ——

1 이 '강자 동일시' 개념의 원조는 에티엔 드 라 보에시(1548), 『자발적 복종』(심영길·목수정 역, 생각정원, 2015)일 것이다. 그는 군주제하의 판사로서, 사람들이 자발적 복종을 하는 이유는, 양육 방식과 관습, 그리고 인정 욕망과 재물욕이라 보았다. 그러나 그 심리적 메커니즘이 밝혀지는 데는 몇백 년이 더 필요했다.

2 실은 자유, 평등, 소유가 핵심이었다. 신흥 상공인 계급, 즉 부르주아들은 생산수단에 대한 사적 소유를 기초로 해서 영업의 자유, 돈벌이의 자유를 추구했고, 상품 생산자로서의 평등, 동등한 소비자로서의 평등을 추구했던 셈이다. 이에 대해선, 고병권, 『화폐라는 짐승』, 천년의상상, 2018; 고병권, 『성부와 성자: 자본은 어떻게 자본이 되는가』, 천년의상상, 2019 참조.

3 여성 참정권은 주로 20세기에 들어 핀란드(1906), 노르웨이(1913), 덴마크와 아이슬란드(1915), 러시아(1917), 스웨덴과 영국(1918, 30세 이상), 독일과 네덜란드(1919), 미국(1920), 영국(1928, 21세 이상), 터키와 쿠바(1934), 프랑스(1946) 순으로 주어졌다.

4 아르노 그륀, 『복종에 반대한다』, 김현정 역, 더숲, 2018 참조.

3부

선착순
경쟁 게임의
또 다른 함정

우분투(UBUNTU),
네가 있어 내가 있다.
어떻게 혼자서만 행복할 수
있나요?

'선착순 달리기'에서 과연 누가 더 잘 뛸까?

앞에서 우리는 '선착순 달리기' 비유를 통해 경쟁의 본질까지 꿰뚫어 보았다. 그런데 보다 현실적으로 이런 의문도 든다. 과연 그 '선착순 달리기'에서 누가 더 잘 뛰게 될까? 달리 말해 어떤 학생들이 1~3등에 들어 처음 한 번만 내달리고 그 다음부터 쉴 수 있을까?

그것은 당연히도, 체력이 좋고 달리기를 좋아하는 학생들일 것이다. 달리기를 좋아해 어릴 적부터 많이 달려 본 아이들은 훨씬 유리할 것이다. 산골에 사는 아이들, 동네 아이들과 함께 학교까지 몇 킬로미터나 되는 길을 매일 오르락내리락 걷거나 뛰어다닌 아이들은 당연히 체력도 좋고 달리기도 잘할 수밖에 없다. 그러나 오늘날 그런 아이들은 거의 예외적으로만 존재할 뿐 대세는 아니다. 대부분 도시에서 집 가까운 학교를 다니거나 좀 멀다 싶으면 자동차나 버스, 기차, 지하철을 타고 다닌다. 이런 비슷한 조건이라면 과연 누가 더 체력이 좋고 누가 더 잘 달릴까?

일반적인 해답은 중산층 이상의 부모를 둔, 상대적으로 평화롭고 안정적인 가정의 자녀들이 비교적 좋은 체력 조건을 갖추고 있다고 본다. 물론 그 학생이 실제로도 잘 달릴 수 있을지는 또 다른 문제이긴 하다. 만일 그런 가정의 부모가 조깅이나 등산도 좋아하고 가끔 운동장에서 아이들과 축구 같은 공놀이를 하는 경우라면 금상첨화다. 여기서 말하고 싶은 것은 아이 자체의 의지나 역량도 중요하지만, 그 부모의 의지나 역량이 대단히 중요한 역할을 한다는 점이다.

이런 의미에서 '선착순 달리기'조차 '부모찬스'의 영향을 받을 수 있다. 최근 고위공직자 도덕성 문제와 관련해 등장한 '엄마찬스,' '아빠찬스,' '부모찬스'란, 자녀가 입시나 취업에 있어 부모의 사회경제적역량 덕에 더욱 유리한 고지를 차지할 수 있는 가능성을 의미한다. '선착순 달리기'조차 '부모찬스'의 영향을 받을 수 있다는 말은, 평평한 학교 운동장에서 학생들끼리 '선착순 달리기'를 한다 하더라도 결코 완전한 자유경쟁이 아니라 '이미' 선행된 조건들 안에서 이뤄지는 게임이란 이야기다. 물론 부모의 체격이 선천적으로 탁월해 키도 크고 다리도 길고 튼튼한 몸을 가졌다면, 자녀 또한 최상급이 될 가능성이 크다. 이 변수를 제외하면 부모가 후천적으로 쌓은 사회경제적 지위는 그 자녀의 달리기 실력에 상당한 영향을 줄 것이다. 그 사회경제적 지위로 인해 심리적으로나 물질적으로 자녀들의 몸과 마음을 더 세밀히 보살필 여유가 있을 것이기 때문이다. 심한 경우, 아이는 체력 강화 트레이닝까지 받을 수 있다. 물론 현 부모의 사회경제적 상황 역시 그 이전 부모 세대로부터 물려받은 재산의 결과일 수 있다. 이 경우 역시 큰 의미에서 '부모찬스' 범주에 든다.

요컨대 오늘날 우리가 자유경쟁의 논리를 대부분 '공평'한 것으로 받아들이고 동시에 '공정성'을 위한 전제조건으로 수용하지만, 그 실상은 '이미' 선행하는 여러 조건에 의해 출발점부터 다를 수 있다는 점을 알아야 한다. 예를 들어, 자유경쟁을 한답시고 대학생과 초등학생이 씨름을 하게 되면 어떨까? 또 자유경쟁을 해야 하기에 대기업과 재벌이 중소, 영세기업과 동일한 조건 아래 시장경쟁을 하면 어떻게 될까? 이런 의미에서 보면 자유경쟁이란 '순수'한 진공공간에서의 논리일 뿐, 이미 오랜 역사적 맥락과 사회적 관계를 가진 현실에 적용할 수 있는 논리는 아니다. 따라서 학교 운동장이건 대학입시건, 아니면 취업 시장이건 기업 간 경쟁이건, 사회경제적 조건에 대한 배려나 고려가 없는 순수 자유경쟁은 결국 이미 기득권을 가진 자들에게 유리한, '기울어진' 운동장이다. 거꾸로 말하면, 이미 가진 것이 많은 기득권층은 '자유경쟁' 논리를 전면에 내세움으로써 겉으로는 공평하고 공정한 척하면서도 실제로는 자기들에게 유리한 게임을 전 사회적으로 강요한다.

만일 누군가
'달리기 시합을 않을래요'라
한다면?

'선착순 달리기' 게임의
최대 강점은 단 한 명의 체육 선생님(설사 연약하더라도)이 무려 수십 명
의 학생들을 단 10분 안에 평화적으로 장악할 수 있다는 것이다. 그
것은 앞서 말한 바, 아이들끼리 선착순 달리기를 하면서 서로 1~3등
에 들기 위해 목을 매는 한, 교사 입장에서는 누가 1~3등에 드는가와
는 무관하게 전체 학생을 통제하기 쉽기 때문이다. 헐레벌떡 한 바퀴
돌고 온 아이들은 두 번째 돌 때는 더 군기가 잡힌다. 그리고 세 번째
돌고 나면 더 확실히 군기가 잡힌다. 그래서 선착순 달리기를 세 번
정도 반복하고 나면, 승자 패자 가리지 않고 '모두' 교사 말을 잘 듣게
된다. 이게 '선착순 달리기' 게임의 최대 강점이다.

그런데 만일 아이들 중 하나가 이렇게 말한다 치자. "선생님, 저는
선착순 달리기 싫어요." 그러자 그 옆 아이가 "저도 싫어요", 또 다른
아이들도 이구동성으로 "싫어요, 힘들어요"라고 말한다 하자. 이런
경우야말로 체육 선생님에게는 최악이다. 왜냐하면 선생님 말에 전
혀 힘이 없기 때문이다. 소위 '영(슈)'이 서지 않는다. 한마디로, 애들
에게 '군기'가 빠진 것. 아니, 군기 잡을 틈조차 없다. 이렇게 되면 아
이들은 통제가 안 된다. 선생님으로서 속수무책이다. 군기잡기를 포
기하든지 아니면 폭력적으로 군기잡기를 다시 하든지.

물론 폭력적인 방식조차 다양할 수 있다. 전체 학생들에게 기합을 주든지 아니면 맨 처음 "싫다"고 말한 아이를 고립시킬 수도 있다. 한두 명만 분리, 고립시키면 나머지는 겁을 먹고 말을 잘 들을 것이다. 전통적으로 권력 기관이 저항자들을 처리한 방식이 바로 이것이다. '주동자' 몇몇만 시범적으로 감옥에 가두어 버리면 나머지는 지레 겁을 먹고 항복하거나 침묵한다. 물론 현실은 다른 면도 보여 준다. 가두고 가두어도 제2, 제3의 저항자들이 나왔다. 겉으로는 잠잠한 것 같아도 물밑에서 지하에서 저항의 불씨들은 살아남았고 새로운 봄이 오면 또다시 밖으로 튀어나왔다. 이 불굴의 저항이야말로 희망의 근거다. 저항의 미학!

여하간 선착순 달리기 자체를 거부하는 누군가가 나온다면 이미 그 선생님은 리더십 내지 권위에 큰 타격을 입은 셈이다. 거꾸로 말해 아이들이 이런 식으로 거부하지 않고 '순순히' 경쟁에 참여하는 한, 승자나 패자를 불문하고 '전체' 아이들이 선생님의 지시에 복종하는 결과가 된다. 이 부분을 제대로 이해한다면, 비단 학교생활에서뿐만 아니라 노동시장이나 민초들의 일상생활에서도 색다른 대처를 통해 세상을 바꿀 수 있다.

앞의 예에서, 만일 그 반 아이들 전체가 일심동체로 "선생님, 선착순 달리기보다 더 재밌는 거 해요"라고 단합된 모습을 보인다면, 선생님도 일정한 타협을 할 것이다. "아, 그래? 그러면 일단 오늘 원래 해야 하는 수업을 간단히 한 뒤에 너희들 좋아하는 걸 할까?" 그러면 대부분 아이들은 "예~"라며 합의할 것이다. 여기서 중요한 것은, 아무리 약자라 하더라도 그 약자들이 한마음으로 단결하여 공동 대응한다면 강자 역시 타협 내지 양보를 할 수밖에 없다는 점이다.

물론 근본적 사회 변화는 일반적으로 이러한 타협과 양보만으로 이뤄지진 않는다. 하지만 사회적 약자들이 굳세게 단결하여 한마음 한뜻으로 공동 대응하는 것, 바로 이것이 그 모든 변화의 출발점이다. 선생님에게 선착순 달리기 같은 경쟁은 아이들을 전체적으로 통제할 수 있는 수단이지만, 아이들에게 그 경쟁은 분열을 의미한다. 만약, 아이들이 단결하여 공동 대응한다면 이는 선생님에게는 당혹스런 순간이자 양보나 타협의 압박이지만, 아이들에게는 자신들이 원하는 바를 조금이라도 쟁취할 수 있는 기회가 된다. 전통적 격언, '뭉치면 살고 흩어지면 죽는다'는 말은 바로 이 사회적 연대의 파워를 상징한다.

만일 아이들이 손잡고 같이 들어온다면?

물론 선착순 달리기를 하기는 하되, 약자인 학생들이 취할 수 있는 다른 대응 방식도 존재한다. 그것은 아이들이 손을 잡고 함께 느긋하게 뛰다가 마지막에도 같이 들어오는 것이다. 선생님 입장에서는 '기가 막히고 코도 막히는' 일!

앞서도 말했지만, 아이들이 경쟁을 내면화한 상태에서 일단 "출발!" 하면 죽기 아니면 살기로 뛰어 주어야 선생님에게는 영(令)이 서고 나아가 전체 아이들의 군기가 잡힌다. 그런데 만일 아이들이 서로 손을 잡고 옆으로 나란히 달리다가 마지막 순간에도 손잡고 같이 들어온다면, 선생님에게는 이 무슨 황당한 일일까?

비슷한 예로 이런 이야기가 있다. 아프리카 원주민의 삶에 관심이 많은 어느 서양 인류학자가 남아프리카 어느 부족 마을을 방문했다. 마을 아이들은 이 학자가 신기했던지 그 뒤를 졸졸 따라다녔다. 이에 그 학자는 부족 아이들에게 놀이 하나를 제시했다. 바구니에 사탕을 한가득 담아 제법 멀리 떨어진 나무에 매달아 놓고, 자기가 출발 신호를 하면 달리라는 것. 맨 먼저 도착한 이가 사탕 바구니 전체를 갖는 게임이었다. 드디어 그 학자가 "출발!"을 외쳤다. 그런데 그에게 황당한 일이 일어났다. 아이들이 모두 손을 잡고 바구니 쪽으로 천천히 뛰어가는 것이 아닌가. 그리고 나무에 도착한 아이들은 바구니를 둥글게 둘러싸고 앉아 즐거운 표정으로 서로 사탕을 나눠 먹는 것이었다. 이에 인류학자가 물었다. "아니, 맨 먼저 뛰어가면 사탕 바구니 전체를 가질 수 있는데, 왜 그렇게 같이 가니?" 이에 아이들이 이구동성으로 말했다. "우분투(UBUNTU), 네가 있어 내가 있다(I am because you are). 다른 애들을 두고 어떻게 혼자서만 행복할 수 있나요?" 그 학자는 갑자기 뒤통수를 얻어맞은 기분이었다.

우분투, 바로 이 원리다. 이 말은 아프리카의 반투족, 코사족, 줄루족 등 수백 개 부족이 쓰는 말이다. 한마디로 공동체 정신이다. 위 이야기에 나오는 부족 마을 아이들은 '선착순 게임'을 그대로 하기보다는, 일단 그에 참여하되 그 원리를 자기들 방식으로 고양시켜 버렸다. 비록 사회적 약자라 하더라도, 강자가 정한 규칙을 따르는 척하며 그걸 자기들 방식으로 우회하는 것, 이걸 통해 강자를 당혹스럽게 하는 것! 앞의 선착순 달리기에서 아이들이 손을 잡고 같이 뛰어갔다 오는 것과 동일한 원리다.

물론 선착순 학생들과 우분투 아이들 사이엔 차이가 존재한다. 왜냐하면 선착순 달리기를 하는 아이들은 이미 경쟁 마인드로 무장해 있는 아이들이고 사회 전체가 경쟁력 중심으로 편성, 작동하고 있기 때문이다. 반면, 우분투 아이들은 스스로 우분투 정신을 깊이 품고 있는 아이들이고 부족 집단 전체가 우분투 철학으로 살아간다. 다시 말해 우분투 아이들은 서양의 학자가 선착순 달리기를 시켜도 거의 자동적으로 우분투 방식으로 움직였지만, 선착순 달리기에 익숙한 한국 아이들은 선생님의 지시를 우회적으로 거부하기가 어렵다.

이들이 우분투 아이들처럼 움직이기 위해선 이미 내면화한 경쟁심과 각자도생의 정신을 과감히 버려야 한다. 아니면 선생님에 대한 개별적 저항감을 학급 전체가 공유할 수 있어야 한다. 결국 경쟁 원리를 떨쳐 내고 소통과 연대의 정신을 발휘하는 개인적, 집단적 용기가 필요하다. 이런 지혜와 용기가 없이 그저 '주어진' 시스템 안에서 '성실히' 살기만 한다면, 우리는 자기도 모르는 사이에 나일강 변의 모래

알처럼 아무리 그 숫자가 많아도 뿔뿔이 흩어지고 마는 존재가 될 것이다.

"이게 모두 다 너희 장래 발전을 위해서" 라는 말

이제 한 단계 더 들어가 보자. 아이들이 집단적인 지혜와 용기를 발휘하여 '선착순 달리기'를 사실상 거부한다고 하자. 이 상황에서 인격이 덜 발달한 선생님이야 즉각 폭력적으로 대처하겠지만, 대부분의 선생님은 좀 당황하면서도 이렇게 말할 것이다. "얘들아, 잘 들어 봐. 선생님이 너희들 잘못되라고 이런 거 하는 줄 알아? 이게 모두 너희들 장래를 위해 하는 거야. 나중에 보렴, 샘 말이 맞는지 틀린지. 그러니 딴소리 말고 샘이 하자는 대로 해 보자."

실은 나도 그런 식으로, 선생님이 하라는 대로 '모범적으로' 자랐다. 적어도 대학 입학 전까지는 그랬다. 첫해 대학입시 경쟁에서 나는 생전 처음 '패배'의 쓴맛을 보았다. 마음의 상처가 컸다. 주변 어른들 도움으로 1년간 재수 생활을 할 수 있었고, 그 덕에 1981년 3월, 바라던 대학에 입학했다. 그러나 대학에 들어간 뒤, 다양한 경험과 생각을 하게 되면서 대학 시절 4년 동안 내 가치관은 급격히 바뀌어 나갔다. 그 변화는 이랬다.

첫째, 한국에서 동년배가 대학을 갈 수 있는 경우는 약 3%밖에 되지 않는다. 나머지는 고등학교 졸업 이후 주로 공장에 취업하여 돈 벌기 바쁘다. 대학을 다니는 것만 해도 특권이다.

둘째, 비교적 등록금이 싼 S대에 다닌다는 것, 또 주변 사람들이 S대 학생들을 높이 쳐주는 것은 결국 국민들이 내는 세금 혜택과 마음의 지지를 받는 것이다. 그러니 내가 공부 좀 했다고 나 혼자만 잘 살고자 하면 안 된다. 온 사회에 작은 도움이라도 돼야 옳다.

셋째, 1980년 5월 광주항쟁을 폭력적으로 진압하고 들어선 전두환 정권은 군부독재로서, 민주 공화국의 이념과는 정면 배치된다. 따라서 내가 민주화 운동의 주동자는 못 되더라도 한국 사회의 민주화 운동에 참여하는 것이 옳다.

넷째, 그런 생각으로 대학 2학년 말 무렵, 그 다음 해 단과대학 학생회장을 뽑는 선거에 나갔고 당선되었다. 1983년 한 해 동안 경영대 학생회장으로 열심히 살았다.[1] 당시 나는, 다른 학생들보다 공부를 잘해 더 빨리 성공해야 한다는 식의 생각은 없었다. 두렵긴 했지만, 그래도 민주화 운동의 작은 촛불 역할을 해야 한다는 생각이 앞서 있었다.

다섯째, 아슬아슬하게 학생대표 시절을 큰 탈 없이 마치고 (당시 시대적 상황에서는 '무사하다'는 것 자체가 좀 부끄러운 일이었다) 졸업이 가까울 무렵 큰 고민에 휩싸였다. 일부 선배 투사들처럼 민주화 시위를 주동하고 장렬하게 강제 징집을 당하는 길도, 아니면 꽤 많은 동기들처럼 조용히 S대 학적을 포기하고 '고졸자'가 되어 공장으로 달려가 노동운동에 복무하는 길도, 영 용기가 나지 않았다. 그렇게 몇 달 고민을 하다가 나는 대학원 진학을 결심했다. 연구자의 길이었다. 경영학 중에서도 노사관계 분야 연구를 통해 매일 땀 흘리며 일하는 노동자들이 잘 살 수 있는 사회적 조건이 무엇인지 그 길을 밝히고 싶었다. 그것이 실질적 민주주의의 한 축이라 믿었기 때문이다. 그리고 그 이후 지금까지 35년 이상 흘렀는데, 내 마음은 지금도 변함없다.

여섯째, 대학원 졸업 후 나는 결혼을 했고, 아내랑 나 사이에 3명의 아이를 키우게 되었다. 아내도 나도 중고교 시절을 '입시 경쟁' 속에 치열하게 살았기 때문에 그 고통을 잘 아는 사람들로서, 우리 아이들에게만큼은 같은 길을 반복시키고 싶지 않았다. 큰아이가 1988년에 태어났고 둘째, 셋째가 1994년, 1995년에 태어났는데, 이 아이들을 지금까지 키워 오면서 "너희 장래를 위해 공부 열심히 해라"는 상투적인 말을 하지 않았다. 오히려 우리가 강조한 것은, 천천히 '꿈'을 잘 찾고, '친구' 잘 사귀고, '건강' 잘 챙기라는 것이었다. 입시 경쟁이 지긋지긋하다면 '나부터' 경쟁의 강박에서 빠져나오는 것이 중요하다고 보았고, 그래서 아이들 마음이나 느낌이 어떤지 소통하는 가운데, 대안적 방식으로 아이들의 성장을 도왔다.

이런 나의 자기 발전 경로를 염두에 두면서 앞서 말한 "이게 모두 다 너희 장래 발전을 위해서"라는 선생님 말씀을 반추하면 이렇다. 전통적으로 선생님들이 말한 '장래 발전'이란, 결국 대학을 SKY

로 가는 것, 그 이후엔 대기업, 금융권, 고위 공무원으로 가는 것, 사회적으로는 부자나 높은 사람으로 사는 것이다. 그러나 내가 살아온 경로는, 기존의 경쟁 질서 자체를 타파하는 과정은 아니었지만 그런 경쟁 질서 속에서도 늘 '함께 사는 길'을 모색, 탐색, 고민하는 과정이었다.

그러나 이제 분명한 것은, 경쟁 질서 자체를 바꾸지 않고서는 그 누구건 아무 삶의 희망이 없다는 점이다. 현재 우리나라 기득권 세력을 보라. 경쟁 질서에서 승리한 사람들조차 그렇게 행복하게 보이지 않는다. 거짓말을 예사로 하거나, 정치경제적 이익을 위해 도덕적으로 용인되기 어려운 행동을 서슴지 않는다. 좀 더 세게 말하면, 경쟁 질서에서 승리한 자들이야말로 대체로 한국 사회를 망가뜨리는 자들이 되고 있다고 봐야 한다. 그러니 선생님 말씀에 담긴 마음은 정말 고맙지만, 더 이상 "이게 모두 다 너희 장래 발전을 위한 것"이란 말을 해선 안 될 것 같다. 왜냐? 정말 장래 발전을 위해서라면, 공부를 잘하건 못하건 이 사회에 나와서 누구나 주체성과 배려심을 갖고 삶의 기쁨을 누리며 살 수 있는 '공생 사회'를 함께 만들어야 하기 때문이다.

레비스트로스의
『슬픈 열대』,
과연 무엇이 슬픈가?

1908년 벨기에에서 태어나 프랑스에서 공부하고 미국을 거쳐 다시 프랑스로 돌아간 인류학자 클로드 레비스트로스는 1955년 『슬픈 열대』라는 명작을 남겼다. 이 책은 1937~38년 사이에 남미 브라질의 4개 부족을 방문 관찰하고 쓴 여행기이자 인류학적 보고서다. 그 4개 원주민 부족은 카두베오족, 보로로족, 남비콰라족, 투피 카와이브족이다. 사실 영화 〈미션〉에도 잘 나타나듯, 15세기 이후 스페인과 포르투갈은 식민지 개척에 나서 남미 일대를 점령하고 원주민들을 노예화했다. 한편으로는 광산 개발과 대규모 농장 경영을 시작하고 자국의 값싼 공산물 판매 시장을 열었다. 〈미션〉의 경우 오늘날의 파라과이에 살고 있던 과라니족과 스페인 정부, 그리고 예수회 신부 간 갈등의 역사를 실감나게 그려 냈다.

레비스트로스가 말한 '슬픈 열대'는 왜 그리도 슬픈가? 그것은 유럽 출신인 레비스트로스의 시각에, 원주민들의 삶이 단순히 가난하고 힘들어 보여서가 아니었다. 원주민들이 이미 오래전부터 서양 선교사, 대농장 지주, 식민주의자, 정부기관 직원들에 의해 외적인 기준, 즉 서양식 합리성에 기초한 근대 문명에 따를 것을 강요당하면서 삶의 자율성을 철저히 박탈당했다고 보았기 때문이다.

원주민들은 앞에서 말한 에리히 프롬의 '자유'를 그 고유의 공동체 속에서 나름 착실히 구현하고 있었는데, 서양 제국주의 세력의 침입과 그에 편승한 국내 지배 세력(매판 세력)에 의해 그 자유를 철저히 박탈당하고 말았던 것이다. 비록 그들은 서양 기준으로 가난하고 저급하고 어설퍼 보일는지는 몰라도, 소박하고 건강하고 조화로운 관계를 유지하며 살고 있었다. 이른바 '발전'은 스스로의 필요에 따라, 스스로의 힘으로 천천히 조화와 균형을 이루며 전개될 일이다. 그러나 그러한 원주민의 토착적 합리성이 서양 근대문명의 합리성, 즉 자본의 합리성(18세기 영국의 산업혁명 이전부터)에 의해 서서히 파괴되어 온 셈이다. 그래서 슬프다! 그런데 이 '슬픈 열대'는 열대 지방에서만 나타난 일이 아니다. 당장 구한말 조선은 어떤가? 이미 19세기 중반 이후 영국, 미국, 프랑스, 러시아, 독일 등 서양 열강(제국주의 세력)이 조선과 중국, 일본을 호시탐탐 노렸다. 조선의 경우, 1905년 을사늑약 이후 일제에 의해 본격 침탈당했으며 1945년 광복 이후로도 3년간 미군정에 의해 침탈당했다. 이 기간은 동시에 38선을 기준으로 남북이 분단되는 시간이었다. 한편, 미군정하에서 친일 부역 세력에 대한 민족적 척결의 과제는 해결되지 못했고, 오히려 이승만으로 상징되는 친미 세력이 등장했으며 그들의 엄호 아래 친일 부역 세력이 부활했다. 일본군 장교로 복무했던 박정희 역시 우여곡절 끝에 살아남았다. 그리고 1961년 군사 쿠데타로 18년간(1961~79) 군부독재를 하면서 농민과 노동자를 희생시켜 재벌 위주 산업화를 강행했다. 그 뒤를 이은 전두환과 노태우는 1980년 5월 광주민중항쟁을 무참히 짓밟으며 신군사

독재를 이어나갔다. 이러니 '슬픈 한반도'다.

물론 이 '슬픈 한반도'에도 1987년 이후 점점 민주화가 이뤄지고 또 민주 정부도 들어섰건만, 아직도 친일 부역 세력, 재벌 세력, 그들과 동맹관계를 맺어 온 검찰, 경찰, 정보기관들, 언론기관들, 사학재단들, 극우 종교기관들은 이른바 '적폐 세력'으로서 최후의 발악 중이다. 더욱 슬픈 것은, 일반 민초들조차 뭐가 옳고 뭐가 그른지 모른 채 태극기부대, 엄마부대 등으로 상징되는 적폐 세력의 선동과 가짜뉴스에 놀아나는 일이다.

왜 그런가? 이 부분에 대해 흥미롭게도 레비스트로스가 『슬픈 열대』에서 영국 식민지하의 인도 벵골만 원주민을 묘사한 부분을 참고할 만하다. "그들은 자기들이 노예가 되어 가고 있다고 생각하기는커녕 도리어 강제노동이나 식량배급, 주입된 사상을 받아들임으로써 해방되었다고 생각하게 될 것이다."[2] 달리 말해 삶의 자율성을 상실한 채 '강자 동일시'를 함으로써 스스로 자유롭다고 생각하는 것, 스스로 해방되었다고 생각하는 것, 바로 이것이 지배적 강자 세력들이 가장 원하는 바다.

이런 면에서 '발전' 내지 '진보' 개념도 반성적으로 성찰할 필요가 있다. 그것은 우리가 '발전' 내지 '진보'를 통상적인 서구 기준에 따라 1인당 국민총생산(GNP) 내지 국내총생산(GDP)으로 측정하거나, 레비스트로스가 말했듯 1인당 사용 에너지의 양으로 측정하는 경향이 있기 때문이다. 반면, 에스키모인들은 불리한 지리적 조건을 극복하는 정도를 '발전/진보'라 하고, 호주의 원주민들은 가족과 사회 집단의 조화로운 유지를 '발전/진보'라 여기며, 남미의 원주민들은 인간과 자연 사이에 균형과 조화를 이루는 것을 '발전/진보'라 여긴다. 이런 맥락에서 향후 우리가 지향할 '발전' 역시, 인간과 인간, 인간과 자연 간에 얼마나 균형과 조화를 이루는가를 기준으로 삼아야 할 것이다.

경쟁 지상주의의 함정 – 피해자들이 가해자들 편에 서다

오늘날 우리는 바로 이 '슬픈 한반도'에 살면서 이미 100년 전에 일본 제국주의가 도로를 닦고 철로를 놓은 대로 자본주의 시장경제라는 경로를 계속 가고 있다. 독재정권이냐 민주정권이냐에 따라 그 통치방식이 강성(권위주의적) 또는 연성(자유주의적)으로 다를 뿐, 자본주의 시장경제 노선을 가고 있는 것만은 분명하다.

그런데 바로 이 자본주의 시장경제를 지상 최고로 삼는 사회의 흥미로운 면은, 이 사회의 대다수가 경쟁과 억압, 분열과 절망으로 고통을 당하고 있음에도, 정작 그 당사자들은 자본주의 시장경제를 진정으로 뛰어넘을 생각조차 않고 있다는 것이다. 오히려 이들은, 언젠가 자본주의 시장경제가 그들을 구원해 줄 것이라고 굳게 믿는 경향이 있다. 자기를 괴롭히는 체제가 자기를 구원해 주리라 믿는 것, 바로 이것이 '강자 동일시' 효과가 아닐까?

이렇게 되면 이들은 자본주의 시장경제를 넘어서려는 온갖 힘거운 대안들에 대해서도 열린 마음으로 대하는 것이 아니라 오히려 노골적으로 적대시하거나 경멸 조로 대한다. '강자 동일시'를 하다 보니, '강자'에 적대적이라 생각되는 그 모든 사상, 논리, 주체에 대해 적대적으로 맞서게 되는 것이다. 이들은 자기들보다 약자인 사람들에게 공감과 배려를 하기보다 강자 행세와 경멸을 보이는 경우가 많다. 또 다른 '강자 동일시' 효과다. 바로 이 관점이야말로 다음과 같은 해괴한 현상들까지 잘 설명한다.[3]

① 20%의 소수가 그 사회적 자원의 80%를 차지하는 반면, 나머지 80%가 남은 20%를 서로 차지하려고 아귀다툼하는 사회인 '20 대 80 사회'에서, 80%의 다수가 선거 때만 되면 20%의 기득권층에 표를 던지는 현상. 물론 이는 그보다 더 양극화한 사회인 '10 대 90 사회'나 최극단적인 '1 대 99 사회'에서도 마찬가지로, 아니 더욱 드라마틱하게 적용된다.

② '선착순 달리기'와 같은 경쟁 시스템에서 패배한 자들이 경쟁의 폐해나 모순을 지적하기는커녕 오히려 경쟁 시스템을 더 옹호하는 동시에, 경쟁이나 위계, 통제에 대한 대안으로 공동체 시스템을 주장하거나 실천하는 사람들에 대해 적대적 비난을 일삼는 현상.

③ 빈곤과 억압에 시달리는 사람들이 그 빈곤과 억압을 초래한 정치경제적 기득권층을 비판 않고, 오히려 그들의 '부자 되게 해 준다'

는 거짓 선전을 철석같이 믿는 현상.

④ 이른바 '갑/을관계'(갑이 강자, 을이 약자)에서 '억울함'을 느끼는 을들은 '갑/을관계'라는 불평등 관계 자체를 문제 삼아야 하는데, 오히려 을들끼리 경쟁과 대립을 하거나 한 걸음 나아가 '을/병관계'를 만들어 병들 위에 군림하려 하는 현상.

⑤ 이른바 '태극기부대' 사람들이 태극기와 함께 미국 성조기나 이스라엘 기를 들고 시위 행렬을 벌이는 현상 등.

이 모든 현상들은 다시금 진정한 '자유'가 무엇인지 되묻게 한다. 자유도 민주주의도 각기 대단히 소중한 가치이지만, '자유 민주주의'는 경쟁과 이윤을 핵심으로 하는 자본주의 사회경제 시스템을 정치적으로 표현한 바에 지나지 않기 때문이다.

나부터 실천

1. 아이들에게 "이게 모두 너희들 장래 발전을 위해서야"란 말을 하지 않기
2. '감자 동일시' 껍질을 벗어 버리고, 있는 그대로의 자신을 존중하기
3. 장래 발전이나 진보가 과연 무엇이어야 하는지에 대해 주변 사람들과 토론하기

3. ——

1   당시 학생회는 '학도호국단'이라 불렸다. 비판 의식 높은 학생들이 이 학도호국단을 학생회로 전환시키는 사명을 띠고 의식적으로 들어갔다. 따라서 우리 세대가 '마지막' 학도호국단이었다. 당시 우리는 1984년 학생회 부활을 위해 '어두운 곳에서' 노력했다는 자부심이 컸다.

2   C. 레비스트로스, 『슬픈 열대』, 박옥줄 역, 한길사, 1998, 309쪽.

3   이 책 7부의 '집단 트라우마 효과와 강자 동일시' 내용 참조.

4부

왜 우리는
차별에 찬성하게
되는가?

양극화는 우리가 바꿀 수도
없고 노력해 봐야 별 소용도
없으니, 차라리 실속을 차려서
패배자 그룹에 들지 않도록
발 빠르게 달려가자는
이야기였다.

"선생님,
왜 '골고루'
잘 살아야 하나요?"

대학생을 가르치면서 몹시 충격적이었던 기억이 하나 있다. '기업과 사회' 시간이었던 것 같다. 비교적 고학년들이 많이 듣는 수업이다. 그날 주제가 '기업과 노동자'였던 모양이다. 내가 강의 도중에 '정규직과 비정규직 사이에 차별이 없거나 줄어드는 사회가 좋은데, 갈수록 간극이 벌어져 좋지 않다. 더불어 사는 사회를 만들기 위해 온 사회가 노력해야 한다', 이런 취지의 말을 했다. 그런데 한 학생이 손을 번쩍 들어 질문이 있다고 했다. "저는 제가 열심히 해서 좀 높은 자리에 올라 특별 대우를 받고 싶은데, 교수님 말씀을 듣다 보면 제가 잘못된 것 같습니다. 교수님은 공동체로 사는 게 좋다고 말씀하시는 것 같아요. 그렇게 말씀하시는 근거는 대체 뭔가요?"

처음엔 내 귀를 의심했다. 일반적으로 학생이, 아니 사람이 할 수 있는 질문이 아니었기 때문이다. 솔직히 말하면, 그런 질문은 전경련이나 재벌에 속한 사람, 아니면 각종 경제신문 등에서 할 만한 것이었다. (그런데, 요즘은 민주진보 신문의 일부 기자들조차 이런 의식을 갖고 있는 것 같다.)

왜냐하면 적어도 인간성을 가진 사람이라면 우리가 아무리 경쟁 사회에 살더라도, 그리하여 경쟁 시스템으로부터 완전히 자유로울 순 없다 하더라도, 그래서 내가 경쟁의 사다리를 올라가려고 노력은 할지라도, 최소한 마음속에서만큼은 '이런 경쟁은 정말 싫어'라든지 '경쟁 사다리에서 떨어진 친구들한테 좀 미안한 느낌이 든다'라든지 '앞으로는 더 이상 이런 경쟁을 하지 않는 새 시스템이 필요해' 식의 생각을 하는 게 자연스럽기 때문이다. 이것은 아마도 세계 곳곳의 원주민들/선주민들이 보여 주는 바, 인류의 조상들이 기나긴 세월 동안 경쟁체가 아니라 공동체 속에서 살아왔기 때문일 것이다. '더불어' 사는 것이 인간 삶의 근본 형태라는 데 나는 확신을 갖고 있다.

그러니 우리가 그런 질문에 무슨 합리적, 과학적 근거를 대겠는가. '인간이라면 당연한 것' 또는 '인간이라면 자연스런 것'이란 말밖에 더 하겠는가? 물론 리처드 도킨스의 '이기적 유전자' 식으로 말해서, 더불어 사는 것이 경제적 측면이나 생존의 측면에서 더 유리하기 때문이라는 논리를 펼 수도 있겠다. 하지만 나는 그런 계산적 합리성 이전에 인간적 합리성 자체가 그저 더불어 사는 것이 '좋은', 즉 '기쁨은 나누면 배가 되고 슬픔은 나누면 절반이 되는' 그런 정서적 유대감이라 본다.[1]

비인간적인
욕망을 가진
인간의 탄생

　　　　　　　　　　　　그렇다면 그 학생은 어
째서 그런 비인간적인 질문을 하는 이가 되었는가? 사실 이 문제는
비단 그 학생만의 문제가 아니라 지금 이 시대의 흐름이다. 달리 말
해 예전에 비해 시대의 흐름이 상당히 바뀌었다는 이야기다. 나는 여
기서 두 가지 흐름의 변화를 지적하고 싶다. 첫째, 자본주의 이전에
비해 자본주의 이후로 오면서 시대의 흐름이 급격히 변했다. 둘째,
같은 자본주의 안에서도 1970년대까지의 시대적 흐름과 1980년대
이후의 시대적 흐름이 다르다.

　우선, 자본주의 이전에 비해 자본주의 이후로 오면서 시대의 흐름
이 급격히 변했다는 말은 이른바 '근대성(modernity)'의 문제다. 근대성
이란 다른 말로 '개인(individual)'의 탄생이다. 개인이란 무엇인가? 그것
은 이 단어의 뿌리에도 나타나듯, 더 이상 쪼갤(divide) 수 없는(in-) 존
재란 뜻이다. 더 이상 쪼갤 수 없다니? 커다란 존재로부터 쪼개고 쪼
개다 마지막 최후의 단위에 왔다는 이야기다. 여기서 바로 그 '커다
란 존재'가 곧 공동체(community)다.

　즉 오늘날 우리가 당연시하는 개인이란, 그 이전부터 (씨족이나 부족
단위로 농사를 짓기 시작한 신석기 시대부터 치더라도 최소 1만 년) 오랜 세월 존재
해 온 공동체로부터 쪼개고 쪼개다 더 이상 쪼갤 수 없는 마지막 단

위다. 이것이 곧 지금의 개인이다. 통상적으로 우리가 근대 자본주의라는 말을 할 때는 바로 이 개인의 탄생을 핵심으로 삼는다. 이제 이 개인은 그 이전의 봉건적, 노예적 속박으로부터 '자유'로운 존재로 재탄생한다. 동시에 땅이나 다른 생산수단으로부터도 '자유'로워져 오로지 가진 것은 달랑 자기 몸 하나뿐. 그리하여 이 개인들은 자본을 가진 자 아래로 들어가 노동력을 팔 '자유'를 갖는다. 이런 의미에서 이들의 자유는 참된 자유가 아니다. 반쪽의 자유! 그럼에도 이들은 임금 노동을 통해 수입을 얻고 그것으로 겨우 가족을 먹여 살렸다. 18세기 이전에 비해 18세기 산업 혁명 이후엔 저임금, 장시간 노동이 다반사였다. 갈수록 미숙련공과 숙련공, 감독관 사이의 격차는 벌어졌고, 임금 사다리 안에서의 상승 욕구도 커져 갔다. 그러니 "열심히 해서 특별한 대우를 받고 싶은 욕구"는 2000년대에 처음 나온 게 아니라 이미 1700년대부터 나왔다고 봐야 한다. 다만, 세월이 갈수록 그 강도나 빈도가 커진 것일 뿐.

둘째, 같은 자본주의 안에서도 1970년대까지와 1980년대 이후의 시대적 흐름이 다르다는 이야기는 또 무언가? 이것은 자본주의 자체의 역사를 간략히 봐야 한다. 역사적으로 자본주의는 빠르면 14~16세기 이탈리아 중심의 르네상스 때부터 싹트기 시작했다. 늦어도 18세기 영국의 산업 혁명은 자본주의를 온전히 제 발로 서게 했다. 1776년 작 애덤 스미스의 『국부론』으로 상징되듯, 이때까지는 아직 고전적 자유주의 단계였다. (자본주의와 동전의 양면인 자유 민주주의 역시 여기서 나왔다.) 그러나 19세기 후반 무렵 자본주의가 독점화, 제국주의화,

식민주의 시기를 거친다. 아프리카, 아시아, 남아메리카 대륙이 주요 식민지였다. 이 식민지 쟁탈 경쟁 끝에 1914~18년 제국주의 간 전쟁인 제1차 세계대전이 터졌다. 그 이후에는 포드 공장의 컨베이어 벨트로 상징되는 대량생산 체계가 산업적 생산방식에 대거 도입되어 효율성이 급격히 오르고 이에 주가 역시 급등하다가 거품이 부풀어 마침내 대폭발했다. 1929년 세계 대공황! 자본의 축적 위기였다. 더 이상 돈벌이가 잘 안 되는 것!

이에 영국의 J. M. 케인스가 대중의 구매력, 즉 유효수요 부족 문제를 해결해야 한다는 아이디어를 내놨다. 또 미국에선 F. 루즈벨트 대통령의 '뉴딜' 및 '와그너법' 등으로 상징되는 새로운 대응방식(복지국가 자본주의, 포드주의)이 나오기도 했다. 구미 각국에서 노동권 강화와 함께 복지 시스템이 구축되었다. 그러나 모두 자본의 공황 극복엔 역부족이었다.

앞서도 간단히 살핀 바, 독일의 나치즘, 이탈리아의 파시즘, 일본의 군국주의 역시 또 다른 변종이었는데, 결국 전쟁을 통한 해결책이었다. 자본주의 입장에서는 전쟁으로 특별수요가 발생하는 데다 대규모 파괴 이후 재건 과정에서도 돈벌이 공간을 만들 수 있었다. 또 전쟁 와중에 국가의 합법적 폭력기구를 총가동, 비협조적인 적국은 물론, 국내의 반자본주의 세력이나 자본주의에 별 도움이 되지 않는 세력을 대대적으로 제거, 변조, 개종할 수 있었다. 그리하여 1939~45년 제2차 세계대전이 있었고, 수천만의 희생자를 낸 뒤 세계 자본주의는 1970년대까지 약 30년 정도 '황금기'를 거친다. 그리고 이 황금기는 늦어도 1980년 이후 종말을 고한다. 흔히 1980년대 이후의 시기를 '신자유주의' 단계의 자본주의라 하는데, 이는 사실상 자본주의의 선순환 시기가 끝났음을 알리는 신호탄이었다. 그것조차 오래가지 못하는데, 2008년의 미국발 세계금융위기가 바로 그 두 번째 신호탄이었다! 이미 자본주의는 오래전부터 그 종말적 징후를 여기저기 드러내고 있다.

바로 이런 맥락에서 위 학생의 질문이나 그런 시대적 흐름을 다시 해석해 보자. 이제 더 이상 '황금기'가 아닌 시대에 와서, 즉 '누구나' 쉽게 자본주의가 만들어 낸 떡고물을 가져갈 수 없는 단계에 이르러, 이제 사람들은 '다른 사람' 생각 않고 자기 것을 먼저 챙기기에 정말 바쁘다. 이런 시대적 흐름을 반영해 대부분의 사람들은 공동체를 걱정하거나 옆 사람을 걱정하기보다는, '내가 열심히 해서 내가 좋은 대접을 받겠다는데 무슨 딴소리냐?' 식의 사고를 하게 된 것이다.

'20 대 80 사회' 에서의 두 가지 사고방식

1998년경으로 기억한다. "제2의 국치일"이라고도 하는 1997년 12월 3일, IMF 구제 금융

조건에 합의 서명한 이후 대대적인 구조조정, 특히 대량해고가 불어닥칠 때였다. EBS 방송국의 한 토론회 패널로 참여했다. 21세기 노동시장의 전망과 관련해 내가 말했다. "『세계화의 덫』이란 책에 보면, 세계의 정치경제 지도자들이 모인 자리에서 앞으로 21세기에는 20%의 안정된 직장과 소득을 가진 자와 80%의 그렇지 못한 자들로 나뉘는 사회, 즉 '20 대 80 사회'가 올 것이라 합니다 …" 이렇게 말하고 있는데, 옆자리에 있던 한 컨설턴트가 때를 놓칠세라 발언했다. "네, 강 교수님 말씀이 정확합니다. 곧 '20 대 80 사회'가 닥쳐올 것이니, 지금부터 우리는 20%에 들기 위해서라도 더 새벽같이 일어나 영어 공부도 열심히 해야 하고 국제적 감각도 키워야 합니다." 때마침 '새벽형 인간' 같은 담론들이 활개를 치던 중이었다. 시대 상황에 뒤처지지 않으려면 더욱 잽싸게 움직여야 한다는 것이었다.

그러나 내가 말한 취지는 전혀 다른 데 있었다. 그러니 요즘 말로, '정말 기가 막히고 코도 막힙니다, 그죠?'라고 해야 할 정도? 내 의도는, 갈수록 사회경제적 양극화가 심해지니 앞으로 한국 사회가 20%와 80%로 나뉘는 사회가 되지 않기 위해서라도 '모두'가 마음을 모아어떻게 하면 더불어 사는 사회가 될 수 있을지 진지하게 사회적 논의를 하자, 달리 말해 양극화로 치닫지 않게 정치경제적, 사회문화적, 교육종교적 대응방책들을 고민하자, 이런 것이었다. 그런데 그 컨설턴트의 속내는 보다 현실적이었다. 어차피 양극화는 우리가 바꿀 수도 없고 노력해 봐야 별 소용도 없으니, 차라리 실속을 차려서 패배자 그룹에 들지 않도록 발 빠르게 달려가자는 이야기였다. 전형적인

'경쟁의 내면화'를 잘 드러내는 사례 아닌가! 그리고 이런 사고가 약 20년이 지난 뒤 내가 직접 가르치는 대학 강의실에서도 그대로 재현되었다. 아니, 그런 식의 발상이 더욱 널리 퍼졌음을 확인하게 된 셈이다.

요컨대 객관적으로(!) 전개되는 '20 대 80 사회'라는 양극화를 앞에 놓고 우리 사회는 크게 두 가지 사고방식을 보인다. 하나는, 양극화는 잘못된 것이니 이를 막아야 하고 적어도 이를 완화하기 위한 사회적 노력을 기울여야 한다는 입장이다. 다른 하나는, 어차피 양극화는 인간 사회가 불완전하기에 어쩔 수 없는 현상이니, 우리가 할 수 있고 해야 하는 것은 양극화의 아래쪽에 속하는 피해자가 되지 않도록, 즉 양극화의 위쪽에 들기 위해 더욱 혼신을 다해야 한다는 입장이다. 따지고 보면, 이는 단순히 식당에서 메뉴를 고르는 것과는 다르다. 이것은 우리가 인간다움을 지킬 수 있느냐, 아니면 인간다움을 포기하고 야만에 빠지느냐의 문제다. 또 이것은 자본주의 사회 이전 거의 모든 사람들이 갖고 있던 공동체 의식을 지켜 내느냐, 아니면 앞서 말한 바 근대적 '개인' 개념이 상징하듯 공동체가 어떻게 되건 내 몫만 잘 챙기려는 각자도생의 삶을 살 것인가 하는 문제다.

그런데 이것은 비단 윤리적 내지 도덕적인 문제만이 아니다. 왜냐하면 우리가 어떤 방식의 삶을 선택하느냐에 따라 우리가 사는 사회가 그리고 후세대들이 살아갈 사회가 전반적으로 삶의 질을 드높이는 방향으로 가느냐 아니면 삶의 질이 추락하는 방향으로 가느냐가 결정되기 때문이다. 요컨대 이것은 윤리적, 도덕적 문제를 넘어 정치

경제적, 그리고 사회적 문제다. 이미 우리네 현실이 잘 보여 주듯(어린 이 행복지수 꼴찌, 청년 스트레스 최고, 40대 과로사 최고, 노동시간 최장, 중소기업 노조 조 직률 최저, 비정규직 비율 최고, 노인 빈곤율 최고, 자살률 최고 등), 우리네 삶의 질은 OECD 최하 수준으로 치닫고 말았다. 돌이켜 보면, 이 비관적 현실 은 결국 지난 60년 동안의 '잘 살기 경쟁' 속에 상층부 기득권 집단이 만들어 가는 프로그램(재벌 대기업 위주의 경제성장 정책과 '위 그릇에 물이 차면 아 래로 흘러넘친다'는 '트리클다운' 이론)을 믿고 대다수 사회 구성원들이 앞만 보고 내달린 결과가 아닐까 싶다.

차별 위험에
노출된 이들이
차별에 찬성하는 까닭

이제 우리는 보다 분명 히 정리할 수 있다. 왜 차별 위험에 노출된 자들이 그 차별 위험의 뿌 리를 뽑으려고 하지 않고 오히려 차별에 찬성하게 될까 하는 질문에 대한 답을 말이다. 그것은 궁극적으로 '두려움'으로 압축된다.

그런데 이 두려움은 다소 복합적이다. 우선, 근대적 개인 즉 고립 적 개인 자신은 이미 그 사다리 위쪽으로 어느 정도 올라간 입장(작 은 기득권)이기에, 누구에게나 평등한 세상이 오면 자신이 행한 그간의 노력들이 헛수고가 될 것이라는 두려움이 있다. 물론 이 작은 기득권 조차 없는 이들도 있다. 이들은 그동안 경험했던 무수한 차별(이것 역 시 경쟁의 과정과 결과에서 만들어진다) 때문에 트라우마(Trauma, 마음의 상처)에 시달린다. 그 탓에 진정한 대안 탐색은 미룬 채, 그저 자신도 미래에 언젠가 '(최)강자'가 됨으로써 그간 받았던 차별에 대한 한풀이를 하겠 다는 희망을 갖고 있는데, 바로 이게 좌절될까 봐 두려움이 크다.

몇 가지 실례를 들어 보자. ① 어느 자동차 회사의 노동조합 사례 다. 정규직 노동조합원들은 'IMF 경제위기' 때와 같은 정리해고의 트 라우마는 물론 그 반대 투쟁의 악몽을 다시는 경험하지 않기 위해 회 사와 협상 끝에 순차적으로 비정규직 사용에 합의했다. 향후에 회사 가 인원감축을 해야 하는 고용불안 상황이 오면 이 비정규직을 해고 함으로써 정규직의 일자리는 보호하겠다는 발상이다. 고용의 완충장 치로서의 비정규직! 그런데 이 비정규직 노동자들이 어렵사리 단결 하고 단결하여 비정규직 노동조합을 만들고 이들 역시 정리해고 반 대 투쟁을 벌였다. 그러고는 마침내 정규직 노동조합에게 제안했다. 하나의 노동조합으로 크게 뭉쳐서 함께 싸우자고. 그러나 정규직 노 조는 이 제안을 거부한다. 자본에 의한 사무관리직과 생산기술직 간 차별을 경험했던 생산기술직 노조가, 이제는 자신의 이해관계(고용안 정이라는 작은 기득권)를 지키기 위해 스스로 비정규직과 거리를 두는 차 별을 실천한 셈이다. 결론은 달랐지만, 아주 비슷한 사례가 최근 인 천국제공항에서도 재현되었다.[2]

② 비슷한 사례가 초중고 교사들 사이에서도 있었다. 정규 교사

를 뽑는 교원 임용고시에 합격하기가 갈수록 힘들어지다 보니, 교육대학이나 사범대학을 졸업하고도 임용고시를 통과하지 못한 사람들이 제법 된다. 이들은 보통 기간제 교사로서 짧게는 한두 달, 길게는 1년 단위로 계약을 맺어 아이들을 가르친다. 그런데 노동법상 비정규직으로서 1년 더하기 1년 초과, 즉 기간제나 파견제로 2년을 초과해 같은 일을 하게 되면 고용주가 이들을 정규직으로 고용해야 한다는 규정이 있다. (물론 법적으로 엄격히 따지면, 같은 고용주인지, 민간 사업체와 교육기관에서 동일하게 적용할 수 있는지, 노동법과 교원법을 같이 볼 것인지 등 여러 논란이 가능하다.) 기간제 교사들은 그 규정을 근거로 대거 정규직화 요구를 하고 나섰다. 그런데 이를 본 기존의 정규직 교사들 중 일부가 '임용고시도 치르지 않은 이들이 너무 쉽게 정규 교원이 되려고 한다'는 식의 비판을 쏟아 냈다. 상당히 많은 이들이 그들에게 동조했다. 결국 모든 논의는 원점 회귀하고 말았다.

③ 대학가에서도 진풍경이 나타난다. 이른바 'SKY 대학들' 안에서조차 고등학교 등 출신 성분별로 일정한 차별의 경계선들이 있다. 그것도 하나가 아니라 여럿이다. 정시와 수시(학종, 즉 학생부종합전형), 서울 강남과 서울 기타, 서울과 지방, 수도권과 농어촌 전형 출신 등등. 심지어 동일한 대학에 다니면서도 ○○고 출신이라는 걸 명시적으로 나타내고 싶어 '과잠'(같은 학과 학생들이 입는 잠바)에다가 군이 출신 고교 이름을 써넣는 경우까지 있다 한다. 사실 이는 서울 강남 거주자들이 한때 자동차 번호판에 '서울25'라는 상징적 표시를 자랑스럽게 달고 다녔던 것(번호판에 지역명을 없앤 뒤로도 한참 동안 그렇게 달고 다녔다)과 유사한

심리 구조다. 그것은 결국 '나는 너희와 달라, 짜식들', 뭐 이런 정도?

④ 같은 심리 구조가 대학입시로 상징되는 각종 시험에서의 '변별력' 타령이다. 변별력이란 무엇인가? 이른바 공부를 잘하는 아이와 그렇지 않은 아이를 확실히 구분해 주는 정도를 말한다. 다른 말로 문제가 어려울수록 변별력은 높아진다. 솔직히 말해 중고교 시절의 나 역시 그런 존재였다. 나름 혼신을 다해 굉장히 열심히 공부했는데, 시험 문제가 너무 쉽게 나오는 바람에 (안도의 한숨을 쉬기는커녕) '이거 뭐, 공부 안 해도 될 걸 그랬네. 선생님은 도대체 왜 이렇게 쉬운 문제만 냈지?' 이런 고약한 생각을 한 적이 한두 번이 아니다. (물론 앞서도 말했지만 나는 대학에 들어간 뒤로 정말 다른 사람으로 바뀌었다. 그리고 '나부터' 교육혁명을 실천하기 위해 우리 아이들부터 그런 기준을 전혀 적용하지 않았다. 시험 점수보다는 친구 관계와 자아탐색을 더 중시했기 때문.) 동일한 심리 구조가 2019년 논란이 되었던 정시와 수시, 내신과 학종 사이의 긴장과 갈등 문제에도 작용했다. 사회경제적 조건이 좋아서 평소에 내신 관리도 잘하고 정시에서 우수한 성적을 거둘 수 있는 아이들과 그 부모들은 '변별력' 높은 입시를 갈망한다. 물론 이들은 학종에서조차 '부모찬스'를 쓰기 쉬워 유리한 고지를 선점할 수 있다. 그럼에도 구질구질하게 다양한 것에 신경을 쓰기보다 '깔끔하게' 정시 시험 하나 쳐서 우열을 가리자는 것이다.

⑤ 이런 학생들이 대학에 와서도 동일한 심리 구조를 드러낸다. 일례로 요즘 대학생들은 동료가 결석하면 그 동료의 결석이 제대로 체크되었는지 확인해야 안심한다. 또 시험에서 누군가 부정행위를 하

면 주변의 목격자가 담당 교수에게 일러바치기도 한다. 자기는 부정행위 없이 시험을 보는데 누군가 부정행위를 한다면 도무지 지나칠 수 없는 것이다. 물론 그것은 사회 정의의 차원이라기보다는 자기의 상대평가 성적에 해롭기 때문이다. (물론 개인적 정의를 추구하는 학생이 사회적 정의를 추구할 수도 있고 전혀 무관심할 수도 있기에 이 부분은 매우 조심스럽다.) 중요한 것은 사회적 정의 추구와 무관하게, 개인적 정의를 추구한답시고 친구관계, 동료관계, 인간관계를 냉징하게 저버리는 정도가 예전에 비해 갈수록 강해진다는 점이다. 결국 자신의 이해관계 측면에서 손해가 될 일은 참지 못한다는 이야기다.

1980년대 이전이나 그 이후로도 한참 동안은 지금과 많이 달랐다. 같은 강의실에서 공부하는 동료 학생들끼리 한패가 되어 담당 교수를 상대로 '연합 전선'을 펼친 일이 많았다. 일례로 출석을 체크할 때 매일 나오던 친구가 그날 갑자기 결석을 한 경우엔 대리출석을 해 주기도 하고, '화장실 갔습니다'는 식의 거짓말을 하기도 했다. 또 선배 중 한 사람이 '전두환 독재 타도, 민주주의여 만세!'를 외치며 도서관에서 떨어진 경우처럼 중요한 데모가 있는 날엔, 강의실에 출석한 친구들이 "교수님, 오늘 수업은 야외 수업으로 하죠"라고 제안하며 은근히 시위 동참을 촉구하기도 했다. 그러면 많은 교수들은 아예 출석 체크를 하지 않았다. 심지어 사회과학대학의 어떤 교수는 그런 날 수업에 참여한 학생들에게, "너희들은 선배가 죽었는데, 한가하게 수업이나 들어 좋은 학점 따겠다고 여기 앉아 있는 거냐? 너희 모두는 F다!"라고 꾸짖기도 했다. 물론 그런 교수는 지극히 예외적이었고,

대부분의 교수들은 보수적이었다. 내심 군부독재 정권을 싫어했겠지만(이것조차 나의 착각일 수 있지만), 그렇다고 무슨 반대나 저항 의사를 노골적으로 드러내진 못했다. 모두 두려움 때문이었다. 대학 교수라는 직업과 그 혜택을 상실할 것에 대한 두려움 내지 이른바 '남산'(중정, 안기부, 오늘날 국정원)에 끌려가 죽도록 두들겨 맞고 불구자가 될 것에 대한 두려움! 그에 비하면 당시 학생들은 용감하게 민주화 운동에 많은 것을 걸었다.

자주, 민주, 통일, 해방이 당시 대학가에서 대체로 공유된 시대정신(Zeitgeist)이었다. 노선에 따라 여러 입장이 있겠지만, 일반적으로 자주는 주로 반미, 반일, 반제국주의로 나타났고, 민주는 주로 정치 민주화, 노동 민주화로 나타났다. 통일은 분단체제 극복과 남북 평화 증진을 뜻했고, 해방은 인간 해방 내지 노동 해방을 의미했다. 나는 선배들이 학생회관이나 식당 등 여러 담벼락에 쓴 대자보를 열심히 읽으며 속으로 '일반 시민들이 대학가 대자보를 좀 열심히 읽고 이런 논리와 해결책을 보다 많이 공유하기만 하면 정말 좋은 세상이 열릴 텐데…'라는 생각을 많이 했다. (물론 지금에 와서 회고하면 그런 주장들조차 미흡한 점이 있고, 솔직히 말하면 자본주의 경쟁 시스템을 넘어가기에는 여전히 부족했다. 하지만 군부독재를 타도하고 민중이 주인 되는 세상을 열자는 논리는 지극히 정당했고 간절했다.)

그러나 여기서 오해는 마시라. 대학 시험에서 부정행위를 하는 것을 옹호하고 싶진 않다. 그리고 부정행위를 일러바치는 것을 잘못된 일이라 말하는 게 아니다. 나는 대학생들, 그리고 우리 모두의 시야가 사회적 차원에서 개인적 차원으로 축소되고 협소해졌다는 것, 사회 전체의 행복을 걸고 싸우기보다 나 개인의 성적이나 실적을 올리는 데 목숨을 거는 상태로 변모해 버렸다는 점을 지적하고 싶다. 요컨대 이 모두 근본적으로, 탈락과 생존에 대한 두려움에 사로잡힌 이들에 의한 '경쟁의 내면화'가 낳은 효과다.

'조국 논란'에서
두 가지 더
생각할 점

이미 나는 "누가 조국에게 돌을 던지나?"라는 〈경향신문〉 칼럼(2019. 9. 8.)에서 이렇게 말한 바 있다. "사회심리학적으로, 경쟁과 차별의 사회에서 상처받아 두려움에 빠진 이들은 그 트라우마를 특정 대상에게 공격적으로 투사하기 쉽다." 지금까지 말한 논리의 연장선이다. 물론 이 이야기는 검찰보다 일반 대중에게 해당한다. 서울대나 고려대에서 '조국 퇴진 집회'를 여러 차례 열거나 참여한 대학생들에게도 해당한다. (그 시위가 특정 정치 세력과 종교 세력의 합작품이란 이야기도 있지만 여기서 굳이 그걸 따지고 싶진 않다.)

한편, 윤석열 검찰총장으로 상징되는 검찰 집단은 왜 조국과 그 가족에게 그토록 가혹한 칼을 들이밀었는가? 그것은 아마도 조국 전 장관이나 현 문재인 정부가 공유하는 '촛불혁명'의 시대정신 중 하나인 공직자 수사처 설치와 검찰개혁 등 사법개혁이 제대로 이뤄지는 경우, 지난 70년 이상 한국 사회 기득권 동맹의 한 축이었던 검찰 파워가 완전히 훼손될 것이라는 위기감 때문일 것이다. 이 기득권 동맹은, 영화 〈내부자들〉에도 잘 나타난 바 '재벌-국회의원-금융-언론-검찰-조폭' 등으로 구성된다. 그러니 윤석열의 검찰과 함께 극우보수 성향의 언론('가짜뉴스' 내지 기레기 포함)과 정당이 긴밀한 공조를 취하는 것도 근거 없는 일이 아니다. 하지만 지금이 어떤 시대인가? 인터넷, 스마트폰과 SNS, 특히 유튜브 방송이 '가짜뉴스'를 압도하며 진실을 드러내기 위해 사방팔방으로 움직인다. 많은 깨어난 시민들이 그 주역들이다. 이제 대중은 더 이상 속지 않는다. 최소한 반공 극우 세력들에게는 안 속는다.

윤석열의 검찰은 이렇게 말했다. "우리는 사람에 충성하지 않고 조직에 충성한다." 일견 멋있는 말이다. (나 역시 이 말을 '대통령에 아부하는 게 아니라 사법정의를 정말 바로 세우려 한다'로 지극히 잘못 해석했다.) 하지만, 자세히 보니 그것은 신기루였다. 착시였다. 알고 보니, 그 '조직'이란 결국 기득권 동맹의 조직이었다. 같이 먹고 같이 마시며 같이 놀고 같이 노래 부르는, 일심동체의 조직! 오죽하면 일부 여성 검사들이 '목숨 걸고' 자기 조직(원)을 고소했겠는가? 그렇다. 그들은 기득권 동맹의 일부로서의 조직을 수호하려는 것이지, 결코 사회 정의를 위해 싸우는 게 아니었다.

갈수록 밝혀지고 있지만, 조국 전 법무장관에게 그리고 그 가족과 친족들에게까지 가혹한 칼을 들이댄 윤석열의 검찰 사단은 왜 국회 의원 김성태나 장제원, 나경원 같은 이들에게는 동일한 칼을 들이대지 않는가? 김성태의 딸은 KT에 부정 입사한 의혹을, 장제원의 아들은 음주운전에 뺑소니에 금품제공까지 여러 죄를 범한 의혹을, 나경원의 자녀는 국내외 대학입시 관련 여러 의혹을 받는 입장이었는데도, 조국 전 장관 및 그 가족에게 적용했던 것과 동일한 기준으로 수사를 하지 않았다. 그 까닭은 앞서 말한 바, 그야말로 자기 조직을 지키기 위해서! 흥미롭게도 '조국 수호'(사법개혁 입장)와 '조직 수호'(보수검찰 입장)가 충돌했다. 그게 2019년 가을부터 2020년 봄까지 벌어진 사태의 핵심이다.

그런데 여기서 내가 보태려는 내용은 그게 아니다. 이른바 '조국 논란'에서 두 가지 더 생각할 점이란 무엇인가? 결론만 말하면, 하나는 자녀교육 관련이고, 다른 하나는 펀드 투자 관련이다. 오해를 피하기 위해 미리 말하면, 나는 인간 조국을 지지한다. 게다가 최근 재판(2020. 6. 30.)에서 펀드 문제에 대한 부인 정경심 교수의 혐의는 무죄 판결이 나왔다.[3] 하지만 함께 반성적으로 성찰하기 위해 두 가지만 생각해 보자.

첫째, 자녀교육 내지 대학입시와 관련, 조국 전 장관의 가족들은 현 교육 시스템의 문제와 모순을 알고는 있었겠지만 그 이상의 몸부림을 치진 않은 듯하다. 오히려 입시에서 평가에 도움 되는 것이라면 가능한 한 많이 모으는 것이 좋다고 생각한 것 같다. 그래서 부모와 연결되는 사람이 있다면 가능한 한 많이 연결해 주고 싶었을 것이다.

어느 부모치고 그렇게 생각을 하지 않겠는가? (물론 누구나 겉보기와 속마음은 다를 수 있기에 조심스럽다.) 윤석열의 검찰은 그 모든 자료들에서 허점 (봉사 활동이나 인턴 활동을 실제 하지 않은 채 서류만 만들었을까 봐)을 찾아내려 한 것 같다. 그러나 나는 평소 조국 교수의 가치관에 비춰 볼 때 기존 교육 시스템이 가진 문제나 모순을 어떻게든 지양하고자 최소한 개인적 노력이라도 했어야 옳다고 본다. 일례로 대학입시 경쟁에 적극 참여하여 이른바 '강남' 아이들과 동일하게 우수한 성적을 거두기 위해 갖은 노력을 다할 게 아니라, 대안학교나 혁신학교 등에 참여하는 것도 한 방법이고, 학부모로서는 참교육학부모회나 교육희망네트워크 등에 참여할 수도 있(었)겠다. 직접적으로는 참교육을 지향하는 전교조 선생님들과 접촉 지점을 더 늘리면서 한두 차례의 강연이 아니라 일상적 모임 같은 걸 함께 할 수도 있(었)겠다. 그러나 부모나 자녀들이나 그런 문제의식이 잘 보이지 않았다.

사실 이 문제는 비단 조국 가족만의 문제는 아니다. 이른바 진보적인 '386세대'(지금은 나이가 들면서 586, 686세대가 되었지만) 대부분이 정치적 민주화와 관련해선 치열한 문제의식을 가졌지만, 그 자녀교육과 관련해서는 대체로 '무너지고' 말았다. 즉 주어진 입시 체제를 비판, 우회, 변혁하는 데 일정한 노력을 기울이기보다는 오히려 민주화 운동을 할 때의 적극성을 자녀교육에도 발휘, 남들 못지않게 '우수한' 성적을 거두려 노력했다. (좀 더 과감하고 경제적 여건을 갖춘 이들은 그냥 아이들을 데리고 해외로 나갔다. 더 이상 한국의 경쟁적 교육 시스템에 아이들을 희생시키고 싶지 않았기 때문. 그러나 이 역시 '현실'을 바꾸는 데는 별 도움이 되지 않는다. 교육부 장관과 그 주변인들을 제외한 '모든' 사람들이 해외 탈출을 하지 않는 한 말이다.)

물론 나 역시 경쟁적 교육 시스템을 바꾸는 데 그렇게 큰일을 해왔다고 생각진 않는다. 다만, 아이들이 성장하는 과정에서 기존 경쟁체제에 아이들을 맞추려 하기보다는 아이의 욕구나 소망에 맞춰 대안적인 가능성을 알려 줬고 그것이 아이들에겐 좋은 선택이 되었다. '기준'을 달리 세울 수 있었기 때문이다. 1등이나 100점, SKY대 기준이 아니라, 건강하고 친구 잘 사귀고, 자기만의 꿈을 찾아가는 기준. 그리고 부끄럽지만 나는 『나부터 교육혁명』이나 『더불어 교육혁명』이란 책을 통해 내가 생각하고 고민하는 대한민국 교육개혁의 길을 제시해 왔다. 특히 많은 학부모들이나 교사들이 특강을 해 달라고 나를 부를 때는 가능한 한 시간을 내 달려갔다. 큰아이가 고등학교를 대안학교로 가게 되면서 둘째와 막내도 중학교부터 대안학교를 다녔다. 나도 공교육 안팎의 대안교육 전도사 역할을 어느 정도 해 왔다. 그리고 늘 전교조와 참교육학부모회의 참교육 운동을 지지한다. 공교육 밖 대안교육 운동이 공교육 안으로 들어와야 한다고 일관되게 주장했고 그것이 오늘날 '혁신교육'으로 상징되는 좋은 결실을 낳았다. 아마도 나라 전체가 바뀌려면 수십 년은 걸리겠지만, 대한민국 교육혁명을 위한 수많은 힘들(1989년 해직까지 감수했던 1,500여 선생님들의 노고가 가장 컸고, 그 이후 전교조, 참교육, 진보 교육감, 혁신 교사 등 모두의 노력이 쌓인 것이라 본다)이 모여 적어도 '백년지대계'를 위한 초석은 놓았다고 생각된다. 지금도 내가 사는 세종시 지역에서 인문학 모임을 세 가지 하면서 '부모가 변해야 교육이 산다'는 신념으로 내 시간과 경험, 철학을 나누며 산다. 앞으로도 대체로 그렇게 살 것이다. 삶의 현장에서 내가 할 수 있는 걸 최선을 다해서 그렇게. 조국 교수나 정경심 교수도 그렇게 살면 좋지 않을까?

둘째, 펀드 투자 관련이다. 조 교수나 정 교수가 나와 생각이 같지는 않겠지만, 적어도 나는 자본주의 경쟁 시스템에 비판적인 입장이라면 소위 '재테크' 같은 건 가급적 안 하는 것이 옳다고 본다. 펀드나 주식이 무엇인가? 그것은 자본이 돈을 모으는 방식이다. 무엇을 하는가? 그 돈으로 투자를 하여 더 많은 돈(이윤)을 버는 것이다. 그 자금은 아프리카 광산을 개발함으로써 레비스트로스가 말한 '슬픈 열대'를 더 슬프게 할 수도 있고, 군수산업에 들어가 수천, 수만 명을 죽이는 군사 무기를 만들어 파는 데 도움을 줄 수도 있다. 물론 그 대가로 통상적인 은행 이자보다 훨씬 높은 수익을 거둘 수 있을지는 모른다.[4] 엄격히 따지면 은행 이자조차, 그리고 농협이나 신협 등 각종 협동조합 금융조차 결국에는 그 자본이 어디에서 무얼 하는지 정체를 알 수 없다. 돈의 흐름은 결코 내가 저축한 금융기관에 그치지 않고 이렇게 흐르고 저렇게 흘러 그 흔적을 찾기 어렵기 때문이다. 요즘은 그 돈들이 주식이나 증권으로 둔갑하고 또 거기서 파생상품이 나오고 또 다른 복합상품이 나오는 식으로 변장과 둔갑을 계속한다. 그러나 그 경로가 아무리 복잡해도 결국은 사람을 값싸게 부리거나 억압하고 자연을 무자비하게 파괴하거나 오염시킨 대가로, 그리고 온 세계 사람들을 상품생산과 상품소비 영역 안으로 끌어들임으로써 그 투자자본은 높은 이윤을 만들어 그 일부를 우리 손에 갖다준다. 이런 점에서 은행에 저축을 하는 나 역시 자본에서 자유로운 건 아니다.

1970년대 말, 덩샤오핑이 중국의 개혁 개방 정책을 추진하면서 '흑묘 백묘론'(검은 고양이건 흰 고양이건 쥐만 잡으면 된다는 입장. 공산주의건 자본주의건 인민을 잘 살게 하는 것이 최고라는 논리)을 제시했는데, 자본주의 역시 칭찬받을 일을 하건 욕먹을 일을 하건 돈만 벌면 최고라는 논리를 갖고 있다. 물론 실제 현실에서 자본주의는 칭찬보다 욕먹을 일을 더 많이 하면서 이윤을 건져 올린다. 앞서도 말했지만, 자본은 이윤을 찾아 지옥도 쫓아간다!

이런 의미로 보면, 펀드에 돈을 빌려준 조국 가족은 교육 문제와 마찬가지로 현 경제 시스템이 어떻게 작동하는지를 비판적으로 고찰하고 행위하기보다는 특별히 타인에게 해를 끼치지 않는 한 (5촌 조카의 권유에) 여윳돈을 불려 보자는 생각을 한 것 같다. 나는 정 교수의 이 펀드 투자에 불법이 있는진 모른다. 하지만 적어도 현 시스템에 문제의식을 갖고 있는 사람이라면 여윳돈이 있더라도 펀드나 주식 투자 등에는 지극히 조심스레 접근하는 게 옳지 않았을까 싶다. 욕심을 보태자면, 자본주의나 세계금융자본의 작동 방식에 대해 좀 더 비판적 성찰이 필요하다고 생각한다.

물론 이 역시 조국 가족에게만 해당하는 게 아니다. 문재인 대통령을 비롯해 장차관, 국회의원, 도지사, 시장, 지방의원, 그리고 이른바 '386 세대'(민주화 운동 세대)가 더 시급하게 자본주의에 대한 공부를 하면 좋겠다. 그리고 오늘날 대학생들이나 중고생들 역시 현 자본주의와 금융자본의 생리에 대해 체계적 학습을 했으면 한다. 요컨대 경쟁과 이윤을 핵심으로 하는 자본주의 원리를 올바로 넘어서지 않고서는 결코 인간과 인간, 인간과 자연 사이의 조화와 균형을 찾을 수 없다. 사실 2020년 세계를 집어삼킨 '신종 코로나 바이러스' 역시 그간 야생동물 서식지를 파괴해 온 자본운동의 한 결과가 아니던가? 이런 의미에서 참된 대안을 찾는 일은 소수의 뛰어난 사람들만이 아니라 사회 구성원 모두의 공동 과제다.

나부터 실천

1. 당장 경쟁 현실을 타파하진 못해도 경쟁의 본질을 제대로 이해하기
2. 아이를 외면적 경쟁력 기준이 아니라 내면적 자율성 기준으로 키우기
3. 타인을 차별의 시선으로 볼 것이 아니라 공감과 연대의 마음으로 만나기
4. 자본주의의 본질과 금융자본의 움직임에 대한 이해 및 그 너머를 상상하기
5. 이웃과 더불어 이런 내용들을 허심탄회하게 공유하고 다양한 생각을 나누기

4. ———

1   비슷한 문제의식을 가진 책, 오찬호, 『우리는 차별에 찬성합니다』, 개마고원, 2013; 낸시 프레이저, 케빈 올슨 편, 『불평등과 모욕을 넘어』, 문현아·박건·이현재 역, 그린비, 2016; 아이리스 매리언 영, 『차이의 정치와 정의』, 김도균·조국 역, 모티브북, 2017 등 참고.

2   이정하·김양진, "'공공부문 비정규직 제로' 1호 인천공항, 정규직 전환 마쳤지만…", 〈한겨레〉, 2020. 6. 22. 참고.

3   조윤영, "'조국 일가 사건' 법원의 첫 판단… 정경심 재판에 미치는 영향은?", 〈한겨레〉, 2020. 7. 2. 참고.

4   은행 이자조차 원래 당연한 건 아니다. 예컨대 중세 기독교나 현재 이슬람교에서는 이자를 금지한다. 은행이 이윤 욕구를 위해 만든 것이다. 김용진, 『돈의 진실』, 해드림, 2013 참조.

5부

자본은 왜
경쟁을
조장하는가?

노동자들이 서로 승자가
되기 위해 발버둥을 칠수록
자본의 지배력 아래
더욱 많이 복속된다.

자본의 본질 -
이윤을 추구하는
사회적 관계

지금까지 우리는 자본
주의 경쟁 시스템이 어떤 것인지 대략 살펴보았다. 그리고 그 과정에
서 이 시스템 속에 살고 있는 사람들의 내면세계가 어떻게 바뀌어 가
는지도 살폈다. 그런 변화는 결코 하루아침에 일어나는 게 아니다.
수백 년의 긴 세월을 두고 또 복잡한 사회적 논란과 갈등을 거치면서
서서히 변한다. 따라서 오늘날 우리가 경험하는 '경쟁 공화국'의 현실
이 지긋지긋하다고 해서 결코 하루아침에 바꿀 순 없다. 시스템이라
고 하는 구조의 측면과 사람의 느낌, 생각, 태도, 습관이라고 하는 행
위의 측면을 동시에 바꿔야 하기 때문이다. 지금까지 후자의 측면을
주로 고찰했다면, 이제부터는 전자의 측면을 살펴보자.

먼저 '자본(資本)'의 본성에 대해 생각해 보자. 다시 말하지만, 자본
(Capital)이란 자체가 이윤을 목적으로 하는 화폐, 즉 화폐를 낳는 화

폐다. 원래 Capita란 말이 '소의 머리'를 뜻하지 않던가. 그래서 소를 세는 단위가 두(頭)이다. 우리가 '1인당 GDP'를 이야기할 때, 영어로 'GDP per Capita'라고 하는데 두당 GDP라는 뜻이다. 결국 소가 소를 낳는 것과 같은 이치로, 돈을 낳는 돈이 곧 자본이다. 거꾸로 말해 돈을 목적으로 하는 돈, 즉 이윤을 목적으로 하는 화폐가 곧 자본이다.

그런데 도대체 자본은 어떻게 돈을 버는가? 이미 잘 알고 있듯, 전형적인 자본은 생산수단과 노동력을 구입하여 복잡한 경영 과정(노동 과정과 관리 과정)을 거쳐 상품을 만들어 판매해 이윤을 남긴다. 전형적인 산업자본이다. 여기서 생산수단이란 땅, 건물, 원료, 부품, 기계설비, 에너지 등이고, 노동력이란 노동능력과 노동의욕이 충만한 사람(노동자)을 말한다. 한편, 은행처럼 개인이나 기업에게 돈을 빌려주고 이자를 받아 이윤을 남기는 금융자본도 있다. 자본의 형태야 무한하지만(상업자본, 투기자본, 교육자본, 사회자본, 문화자본, 상징자본, 종교자본 등), 가장 기본적인 두 형태는 바로 산업자본과 금융자본이다. 쉽게, 기업과 은행이 기본인 셈이다.

여기까지만 보면, 자본이란 게 별것도 아니고 우리가 늘 경험하는 것이라 결코 낯설지도 않다. 그러면 무엇이 문제인가? 우리가 자본의 본성 내지 속성을 한 걸음 더 깊이 보려면 앞서 말한 역사적 흐름을 되새길 필요가 있다.

자본주의 이전에 사람들은 어떻게 살았던가? 원시 공동체(원주민 내지 선주민들의 씨족, 부족 공동체)도 있었고, 노예제나 봉건제도 있었다. 그런데 이 모든 삶의 형태에서 공통점은 크게 두 가지다. 하나는 사람이 대자연의 품속에 깃들어 산 것, 다른 의미로 사람이 대자연을 무서워하며 살았다는 것이고, 다른 하나는 개별 사람은 존재하되 아직 독립된 '개인' 개념이 없이 씨족, 부족, 종족, 가족, 친족 등 보다 큰 덩어리의 일부로 존재해 온 사실이다. 다시 말해 자본이 중심이 되어 돌아가는 자본주의 사회는 바로 이 두 측면의 변화를 전제로 만들어졌다. 요컨대 자본주의는 한편으로 인간이 대자연으로부터 분리되어 더 이상 자연을 경외시 않고 오히려 과학기술의 힘으로 자연을 정복하고 이용하며 심지어 훼손하는 관계이다. 다른 편으로, 공동체적 인간으로부터 개인을 분리해 각자 자신의 노동력을 팔아 생계를 유지하고 제2세대 노동력까지 키워 내는, 그런 개인 노동력을 만드는 관계이다. 이처럼 자본은 단순히 물자나 기계, 화폐가 아니라, 사람과 자연, 사람과 사람 간의 특수한 '관계'이다. 다른 말로 돈벌이를 위한, 돈벌이에 의한, 돈벌이의 사회적 관계들을 모두 일컬어 자본이라 한다.

자본이 경쟁을 조장하는 까닭

여기까지만 보면, 자본은 그냥 돈만 벌면 그만인데, 무슨 경쟁까지 일부러 조장할까라고 생각할 수 있다. 하지만 자본주의는 경쟁과 이윤이라는 메커니즘으로 작동하는 사회경제 시스템이다. 나는 자본이 경쟁을 조장하는 까닭을 크게 세 가지로 요약한다. 그것은 ① 효율성 획득의 수단, ② 정당성 확보의 수단, ③ 지배력 강화의 수단이다.

먼저, 자본에게 경쟁은 효율성 획득의 수단이다. 왜 그런가? 앞에서 자본이 돈을 벌려면 생산수단과 노동력을 사야 한다고 했다. 특히, 노동능력과 노동의욕에 충만한 노동력을 사야 한다. 그런데 일단 일터에 나온 노동력은 사람이다. 인격체인 사람! 맨 처음 이들은 공장식 노동이나 지휘, 명령 시스템에 길들여지지 않은 사람들이었다. 행동이 굼뜨고, 기분이 나쁘면 움직이지 않거나 감독관에게 대들기도 한다. 또 그날 작업을 얼마나 해야 할지도 잘 모르니 적당히 시간만 때운다. 감독관의 눈이 없을 때는 슬슬 농땡이를 친다. 이런 상황에서 자본이 노동력의 효율성을 높이는 방법은 경쟁을 도입하는 것이다. 마치 '선착순 달리기'처럼! 관리자가 노동자들에게 말한다. "자 여러분, 오늘 작업량 100%를 달성하는 이에게는 그에 비례해 더 많은 보너스를 보탠 임금을 주겠습니다. 만일, 작업량에 미달하는 이는 임금이 깎이니 알아서 하기 바랍니다." 이 말을 들은 노동자들은 대체로 '그래, 100% 이상을 달성해서 더 많은 보너스를 받아야지. 절대 내 임금이 깎일 순 없지'라며 혼신을 다해 일할 것이다. 그렇게 해서 노동자끼리 경쟁을 시키면 작업의 효율성은 크게 올라간다. 바로 이것이 1910년경 미국의 F. W. 테일러가 고안해 낸 '과학적 관리법'이라는 것이다.

다음으로, 경쟁은 자본에게 정당성 확보의 수단이다. 무슨 말이냐 하면, 이런 경우가 있기 때문이다. 노동자가 불평한다. "나랑 저 친구는 똑같은 인간이고 동네에서 학교도 같이 다녔는데, 왜 차별하는 거요?" 그럴 경우, 자본을 대변하는 사람에게는 좋은 무기가 있다. 경쟁이라는 무기다. 이렇게 대답한다. "당신은 대학을 나오지 않았잖아" 또는 "당신은 ○○시험을 치지 않았잖아." 아니면 "공부하라고 할 때 공부나 열심히 하지, 젊을 때 뭐 했어?" 이런 식이다. '어릴 적부터 경쟁 시스템의 원리를 고스란히 내면화한 채 그 안에서 열심히 노력했으면 지금쯤 좀 더 나은 대우를 받을 텐데, 당신의 경쟁력이 낮아서 그런 거니 할 수 없다', 이런 논리! 또 구조조정기에 상당수 노동자를 해고할 적에도 노동자 간 경쟁의 결과 생산성이 낮거나 근태가 불량한 노동자(노조 활동가 포함)가 해고의 1차 대상자로 오른다. 한 걸음 더 나가, 자본가가 자본가인 이유는 부모를 잘 만났거나 아니면 사업가 정신이 뛰어나고 머리가 잘 돌아가서인데, '노동자인 당신들과는 다르다', '당신도 얼마든지 자본가가 될 수 있으니 할 수만 있으면 해 봐라', 이런 논리! 그렇게 해서 노동과 자본의 구조적 차이와 차별, 노동자 간의 구조적 차이와 차별이 모두 경쟁 논리로 정당화된다. 하나 더 추가하면 재벌과 중소기업 간 차별과 격차 역시 경쟁력 논리로 정당화된다. 재벌이 말한다. "자본력과 기술력이 있으니 우리가 더 많이 갖는 것도 부당한 건 아니잖아." 이런 식이다. 이런 논리 앞에선 전 세계를 무대로 움직이는 초국적자본과 세계금융자본의 큰손이 세상을 마음대로 농락해도 할 말이 없다. 경쟁력이 없으니까! 이런 식으로 경쟁이란 온갖 부당한 착취와 차별, 억압과 불평등을 정당화하는 '합리적' 메커니즘이 된다.

물론 경쟁이 자본에게만 정당화 효과를 지니는 건 아니다. 왜냐하면 일단 학력 경쟁과 취업 경쟁에서 성공한 세대는 상당한 기득권을 누리면서 그 자원을(돈, 시간, 기회, 인맥, 정보 등) 자녀 양육 과정에 최대한 활용하여 사실상 세습 효과를 만들 수 있는데, 바로 이것이 사회적으로는 열린 경쟁의 결과인 것처럼 정당화될 수 있기 때문이다. 예컨대 "90년대생의 세계에서 부모 세대가 대졸 사무직으로 중산층 지위를 확보하지 못한 경우, 자녀 세대인 그들이 명문대 졸업장을 받기란 낙타가 바늘구멍에 들어가는 수준"이며 일단 "대기업 정규직, 전문직, 공무원이라는 '내부자'가 되면 웬만한 일이 있지 않은 한 내부자로 남는다. 반면, 중소기업 정규직, 대기업 비정규직, 기타 비정규직-일용직 등이 되면 끝까지 '외부자'의 삶을 살아야 한다. 그 격차는 점점 더 벌어진다."[1] 그렇다. 겉보기에 봉건제와는 달리 신분 자체가 그대로 세습되는 건 아니지만, 실제 현실은 부모의 사회경제적 지위가 자녀에게도 대물림된다. 겉보기에 공정한 경쟁처럼 보이는 교육과 노동이라는 매개변수가 격차와 세습에 대해 일종의 정당화 효과를 낸다. 그래서 '글로벌' 자본주의 시대에조차 사실상의 세습이 일어난다. 왜냐하면, 오늘날 노동만이 아니라 "교육은 존재를 위한 목적이 아니라 소유를 위한 수단"[2]이 되었기 때문이다.

여기서 또 하나 중요한 것은, 이 상하 간 격차가 갈수록 벌어지기에 '따라잡기'는 꿈꾸기도 어려울 뿐 아니라 갈수록 좌절감과 절망감에 휩싸이는 젊은이들이 많이 생긴다는 점이다. 만일 어쩌다가 '외부자' 출신이 어렵사리 '내부자'로 진입하기라도 하면 그 내부자들이 던지는 차별적 시선에 인간적 모멸감을 견디기 힘들다. 게다가 내부자 중에서도 상층부들은 늘 '우등생' 콤플렉스에 시달린다. 항상 남보다 탁월해야 한다는 강박증! 심신을 짓누른다. 오죽하면 과학고를 졸업하고 우수한 성적으로 서울대를 다니던 학생이 2015년 12월, '금수저, 흙수저' 논란을 일으킨 유서까지 써 놓고 자살이라는 극단적 선택을 했을까? 이들에게는 약간의 실수나 실패도 결코 용납할 수 없는 치명타가 된다. 요컨대 지구는 둥글지만 사회가 작동하는 구조는 피라미드인데, 아래쪽 사람들이 느끼는 열등감만이 아니라 위쪽 사람들이 느끼는 우월감도 경쟁이라는 구도 속에 정당화되고 만다. 여기서 역설적인 것은, 하층부만이 아니라 상층부조차 이 경쟁 구도가 만들어 내는 우열 의식으로 인해 인간성 소외가 일어나, 그 내면에서 심한 고통에 시달린다는 점! 이 역시, '인간 해방'이 필요한 이유다.

끝으로, 경쟁은 지배력 강화의 수단이기도 하다. 앞의 효율성이나 정당성 강화 부분과 연결된 측면이지만 그보다 더 교묘한 차원이다. 앞서 우리는 '선착순 달리기'를 통해, 연약한 교사 단 한 사람이 수십 명의 아이들을 10분 안에 장악하는 것을 보았다. 그것은 아이들에게 달리기 경쟁을 시킴으로써 아이들이 서로 1~3등에 들려고 경쟁하는 사이 자기도 모르게 선생님의 지휘와 통제에 종속되어 버리는 것, 그리하여 교사의 지배력이 평화적으로 확보되는 것이다. 같은 원리로, 자본 역시 기업 간 경쟁, 상품 간 경쟁, 노동자 간 경쟁을 부추기면 부추길수록, 그리하여 각각의 노동자들이 서로 승자가 되기 위해 발버둥을 칠수록(경쟁을 내면화할수록), 한편으로 노동효율성은 급격히 올라가고, 다른 편으로는 어느 노동자가 1등 노동자로 판명되는지와는 무관하게 노동자 전체가 자본의 통제와 지배 아래 거의 완전 복속된다.

요컨대 경쟁은 자본의 이윤 추구 본성을 현실적으로 추구하는 수단에 불과하다. 자본은 경쟁을 통해 노동자들을 효율적으로 부리고 차별과 억압을 정당화한다. 나아가 노동자끼리 다양한 형태로 경쟁하는 사이에 노동자들은 분열되고 자본의 전반적 지배력은 증가한다. 자본이 (속으로는 독과점적 지위를 추구하면서도) 사회 전반적으로 경쟁 분위기를 촉진하고 '경쟁이 없으면 발전이 없다'는 식의 논리를 지속적으로 펴는 것도 모두 이런 이유 때문이다. 자본의 본질이 이윤을 추구하는 사회적 관계이므로.

경쟁 외에 감시 시스템이 왜 필요한가?

그러면 경쟁만 잘 시키면 되지 왜 자본주의 사회에서 그토록 감시 시스템이 철저한가? 공정

경쟁을 위한 '공정거래위원회'만 잘 작동해도 아무 문제가 없지 않을까? 결론부터 말하자면, 그것은 결코 그렇지 않다.

오히려 자본 입장에서 볼 때, 경쟁 분위기를 자본이 의도하는 대로 유지하기 위해서라도 감시를 잘 해야 한다. 그렇다면 자본이 의도하는 대로 경쟁 분위기를 유지하기가 어려운 이유는 무엇일까? 이것을 우리는 앞서 말한 '선착순 달리기'의 비유를 통해 몇 가지 측면으로 이해할 수 있다.

첫째, 만일 어느 학생이 "선생님, 저 달리기 안 할래요"라고 하고 그 주변의 몇몇 아이들이 "저도요"라고 말하기 시작한다면, 전체 분위기가 바뀔 수 있다. 선생님이 "출발!" 하고 외쳐도 아이들이 실실 웃으며 뛰지 않는다. 또는 가기는 가는데 뛰는 것도 아니요, 걷는 것도 아니게 빈둥거린다. 이쯤 되면 선생님은 속이 터진다. 화를 내거나 포기할 것이다. 요즘은 폭력을 쓰거나 화를 내고 욕설을 하면 선생님도 스마트폰에 찍혀 고소, 고발을 당하기 쉽다. 그래서 차라리 선생님이 포기한다. 그러니 이런 사태를 방지하기 위해서라도 반장이나 부반장 같은 아이들에게 일종의 '모니터'(감시자) 역할을 하게 한다. 그러면 이 아이들이 선생님을 대행해서 학급 분위기를 잡는다. 아니면 맨 먼저 "안 할래요"라고 한 아이를 선생님이 직접 별도로 불러 타이르거나 겁을 준다. 그러면 다시 경쟁 분위기는 살아나고 유지될 것이다. 공장이나 회사에서도 마찬가지다. 누군가 경쟁을 않고 노동조합으로 단결하여 노동자의 인간적 요구를 관철하자고 외친다면 회사는 난처해진다. 그래서 조장이나 반장에게 별도의 임무를 주어 일반 노동자들을 특별히 감시하게 한다. 기업의 경쟁력 향상을 위해 '딴소리'하지 않고 서로 경쟁적으로 일하도록 한다. 한국의 대표 재벌 삼성에서 그토록 노동조합 만들기가 어려운 것도 모두 이런 까닭이다. 그러나 이미 노동조합이 만들어진 다른 회사들도 크게 보면 마찬가지인데, 다양한 방식으로 노조 활동을 감시하거나 억제하기 일쑤다.

둘째, 한 걸음 더 나가 자본의 입장에서는 경쟁 시스템의 본질을 간파하는 이가 없도록 해야 한다. 만일 노동자가 더 이상 '노동자' 정체성에 갇히지 않고 자유로운 인격체로 부활하면 정말 큰일이다. 따라서 이런 일이 일어나지 않도록 사전에 철저히 감시해야 한다. 그래서 이미 초중고교에서부터 '경쟁이 있어야 발전이 있다'는 논리를 거의 세뇌시킨다. 대학 시절에도 '스펙 쌓기'에 매달린 청년들은 경쟁의 껍질을 벗어나지 못한다.

나의 경우, 대학 시절이 그런 경쟁의 껍질을 깨는 데 가장 결정적 시기였다. 물론 당시 마치 헤르만 헤세의 『데미안』이 말하는 것처럼[3] '껍질 깨기'를 했던 많은 '386 세대' 중 반독재 민주화를 넘어 자본의 본질을 넘어서려는 생각과 실천을 여전히 일관되게 보이는 이는 그리 많지 않다. 그래서 내면이 자유로운 진정한 자유인으로 살기 위해선, 부단히 '껍질 깨기'를 해야 한다.

직장 역시 신입사원 연수 시절부터 단단히 교육을 시킨다. 회사의 일상생활은 '경쟁에 살고 경쟁에 죽을' 정도다. 사실 이미 성장한 어른들은 자기도 모르게 경쟁 논리가 뇌 속에 깊이 박혀 있어 미처 느끼지도 못할 정도다. 게다가 학교나 직장, 사회에서 늘 경쟁을 하며 살아왔기에 본인 스스로도 경쟁 자체를 거부할 생각은 거의 없다. 성공한 경우는 성공한 대로 경쟁의 장점을 믿으며, 실패한 경우는 실패한 대로 다음 경쟁에서는 이길 거라 믿는다. 실패에 실패를 거듭한 나머지 좌절과 절망이 너무 깊은 경우, 우울증이나 심지어 자살도 일어난다. 그러나 이는 자살이 아니라 사회적 타살이다. 경쟁 시스템에 의한 타살! 그러니 대부분의 사람에게 지금 이런 이야기는 너무나 충격이다. 그럼에도 자기방어를 위해 "공상적"인 이야기라 치부하고 끝내 버리기 일쑤다.

그러나 어디에나 '송곳'[4]이 있는 법! 1970~80년대 운동권 대학생 출신 노동자처럼 먼저 깨어난 사람들이 이 자본주의 경쟁 시스템의 모순과 문제를 지적하며 다른 노동자들을 일깨울 수도 있다. 또 노동자들이 회사 측과 갈등을 겪는 가운데 노사관계의 원리나 회사 경영 정책의 본질을 깨달을 수도 있다. 요즘은 노동자의 의식 수준이 높고, SNS나 유튜브 등 다양한 매체를 통한 소통과 홍보가 비교적 쉽기에 일단 시작만 되면 그 파급력은 대단하다. 이런 맥락에서 자본은 학교, 일터, 사회 전반을 철저히 감시해야 하는데, 한편으로는 교육이나 언론을 동원하고 다른 편으로는 국정원, 검찰, 정보경찰 내지 노동부 직원 같은 국가기관이나 기업 자체의 정보요원들을 동원한다.[5] 과거 소련의 KGB나 미국의 CIA 같은 조직들이 한국에도 얼마든 있다. 이들이 노사관계를 밀착 감시하면서 자본의 이윤 증식 조건(사회적 관계)을 수호한다. 그러니 '정경유착'으로 상징되는 뇌물제공,

분식회계, 증거인멸, 부정부패, 유전무죄가 한국 사회경제의 또 다른
특징이 되는 건 필연적이다.[6]

경쟁의 최대 맹점 –
글로벌 생존 위기와
타율적 인간의 탄생

모두가 경쟁을 당연시
하고 너도나도 경쟁력 패러다임에 갇히고 나면, 모두에게 남는 숙제
하나는 '죽기 살기로' 자신의 경쟁력을 높이는 것이다. 그렇게 모두가
앞만 보고 달리는 사이(그게 이미 60년 이상 되었다) 현재 우리는 다양한 문
제점을 목격하고 있다. 여기서는 이러한 경쟁 분위기가 장기간 유지
될 때 어떤 맹점이 생기는지 살펴보자.

첫째, 온 나라가 경쟁에 휩싸이고 전 세계가 '글로벌' 경쟁에 휩싸
이다 보니, 즉 기업마다 상품 경쟁력 제고를 외치고 나라마다 국가
경쟁력 제고를 외치는 분위기가 수십 년 이어지다 보니, 이제 지구
전반의 번영이 아니라 '공멸'이 다가온다. 게다가 2020년 1월의 한겨
울에 북유럽 핀란드에선 풀이나 나뭇잎이 푸릇푸릇했고, 열대 사막
이 가까운 이집트 알렉산드리아나 카이로에선 눈이 내리기도 했다.[7]
이는 기후 위기의 한 측면으로, 지구온난화 문제와 연관된다. 그간

온 세계가 잘 살기 경쟁을 하는 사이 지구 자체가 어떻게 변하는지에 대해선 대부분 무관심했던 탓이다. 세계의 기후학자들에 따르면 지구가 버틸 수 있는 온도 상승이 1.5℃인데, 이제 0.5℃밖에 남지 않았다 한다. 이런 경고에 따르면 지금 당장 이산화탄소 등 온실가스 유발 행위를 전 세계적으로 전면 중단해야 한다. 그것도 늦다. 이 문제는 결코 안이하게 생각해서도 안 되고 외면해서도 안 된다. 우리 모두의 코앞에 닥친, 글로벌 재난 상황이다.

호주 산불 사태 역시 마찬가지다. 2019년에 시작, 2020년 1월까지만도 한국보다 넓은 11만 제곱킬로미터를 태우면서 캥거루 등 야생동물 10억 마리 이상을 희생시킨 호주 산불. 이것도 결국 기후변화의 산물이다. 기온은 올라가고 습도는 낮은데, 강한 바람이 부니 대형 재난은 예고된 것이다. 2019년 4월의 강원도 고성, 속초 지역 대형 산불 역시 여의도 면적만 한 숲과 임야를 태우고 주택 400여 채도 태웠다.

2020년 1월부터 확산된 신종 코로나 바이러스('COVID-19')는 어떤가. 인구 1천만 이상이 사는 우한에서 발병한 이 전염병은 중국 당국의 공식 발표와는 달리 널리 퍼졌다. 한국이나 일본은 물론 심지어 미국이나 프랑스까지도 결코 자유롭지 않았다. 온 세계가 삽시간에 엉망이 됐다. 사회 안정성이 붕괴되니 자본에도 타격이 간다. 곳곳에서 주가가 폭락한다.[8] 이뿐인가? 사실 이미 1962년에 레이첼 카슨이『침묵의 봄』을 냈을 때부터도 DDT 살충제로 상징되는, 발암물질에 대한 경고가 있었다. 그러나 그 무렵부터 '경제개발'을 국가적으로 추진했던 한국은 오늘날 온갖 살충제, 제초제, 환경호르몬, GMO 등에 노출되어 있다. 이제는 각종 식당에서 사 먹는 음식조차 안심하기 어렵다. 조금 과장해서 말하면, 오늘날 우리는 '돈 주고 독약 사 먹는' 어리석은 게임을 한다. 아주 위험하다. 음식만이 아니라 주거, 교통, 공장, 사무실, 택배, 백화점 등등, 모든 삶의 영역에서 과감한 발상의 전환이 절실하다.

둘째, 경쟁은 사람들이 '외재적 동기'에 의해 움직이게 만든다. 타율적 인간이 탄생하는 배경이다. 이들은 스스로 느끼고 판단하고 행동하는 능력을 발달시킬 기회부터 차단당한다. 만일 아이가 유치원 시절부터 경쟁을 배운다면 정말 큰일이다. 자신의 필요나 소망, 욕구나 느낌에 둔감해진다. 아니, 그런 것을 스스로 억압하기 일쑤다. 그리하여 외적 통제에 민감하게 반응하고 외적 잣대에 자신을 맞추려 하다 보니, 결국 타인의 눈치만 보는 사람으로 자라난다. 실은 이런 사람들이 자본의 지휘와 명령에 순종하게 된다. 결국 경쟁을 통해 사람이 변하고 이 변해 버린 사람은 자본이 써먹기에 가장 좋은 '인적자원'이 되고 만다.

셋째, 바로 앞부분과 밀접한 연관이 있지만, 경쟁의 또 다른 맹점은 늘 '비교하는 인간'이 되어 버린다는 점이다. 물론 우리는 '관계' 속의 존재다. 그러나 관계라고 해서 늘 비교해야만 하는 것은 아니다. 흥미롭게도 늘 '비교하는 인간'은 그 반대편에 있을 법한 '고립된 인간'의 모습을 띠기 쉽다. 아니, 다른 사람들과 친밀한 관계를 맺고 자연스럽게 뒤섞이기는커녕 스스로 고립된 인간으로 존재하다 보니 내심 불안한 나머지 늘 비교하는 인간이 되는지도 모른다. 자존감이 잘 발달해서 줏대가 꼿꼿이 선 사람은 한편으로 고독을 즐기는 사람, 다른 편으로 관계 속의 사람으로 살아갈 수 있다. 이런 면에서 "가진 자들이 얼마나 더 소유했는지에 분노"하지 않고 오히려 "덜 가진 이들이 나만큼이나마 가지는 사회를 만들기 위해" 고민하는, '만족한 자'의 윤리가 절실하다.[9]

여기서 우리는 고독과 고립을 구분할 필요가 있다. 고독(孤獨)이란 홀로 있음, 외로움이다. 에리히 프롬의 말처럼 진정한 자유인은 고독과 책임이란 부담을 기꺼이 진다. 고독을 견뎌 낼 뿐 아니라 즐길 정도가 돼야 내면이 자유롭다. 또 내면이 자유로워야 타인과도 부담 없는 관계를 맺을 수 있다. 그러나 고립(孤立)은 관계의 단절이다. 타자와의 실질적이고 친밀한 관계가 끊어진 상태. 그런 상태이니 자기 존재를 느끼기 위해 타인과 부단히 비교한다. 오로지 비교 안에서만 자신의 위치 파악이 된다. 이런 존재는 불안하다. 그런데 이런 사람들은 자본에게 매우 좋은 '인적 자원'이 된다. 왜냐하면 임금이나 지위를 두고 타인과 부단히 비교하면서 경쟁의 사다리를 올라가려고 전력투구하기 때문이다. 달리 말해 이들은 '경쟁의 내면화'가 잘된 사람들로, 자본의 입장에서 보면 아주 든든한 머슴 역할을 한다.

요컨대 자본이 부단히 부추기는 경쟁은, 한편으로 자본에게 유리한 결과를, 다른 편으로는 자본에게조차 불리한 결과들을 낳는다. 그러나 '이윤 중독증' 내지 '성장 중독증'에 걸린 자본은 그 불리한 상황들조차 새로운 돈벌이 공간으로 활용하려 애쓴다.[10] 가장 대표적인 것이 '기후 위기'를 억제한답시고 태양광 발전 개발을 대규모로 시행하거나 전기자동차를 대량생산하는 사례들이다. 이런 것들은 결코 대안이 될 수 없다. 왜냐하면, 자연 생태계를 파괴함은 물론, 새로운 전기를 만들고 수송하는 과정에서 또 다른 에너지를 더 많이 써야 하기 때문이다. 참된 대안은 결코 새로운 기술이나 새로운 시장, 새로운 상품에서 나오지 않는다. 상품생산과 경쟁에 토대한 자본주의 이윤 시스템이 초래한 글로벌 위기를 또 다른 상품으로, 또 다른 자본주의 방식으로 해결한다는 것은 그 자체가 모순이다. 우리에겐 결코 시간이 많이 남지 않았다. 글로벌 생존 위기, 과연 어떻게 정면 돌파할 수 있을까?

나부터 실천

1. 나는 과연 '만족한 자'의 윤리를 실천하고 있는지 성찰하기

2. 경쟁 사회에서 어떻게 사는 것이 제대로 사는 것인지 이웃들과 토론하기

3. 내 안의 우월감이나 열등감을 극복하는 방법을 찾아보기

4. 내가 생각하는 자본의 본질과 모순은 무엇인지 이웃들과 생각 나누기

5. 나나 내 자녀가 진정 자율적 인간으로 살도록 실천하기

5. ───

1   조귀동, 『세습 중산층 사회』, 생각의힘, 2020.

2   홍세화, "'생각하지 않는 교육'과 확증편향", 〈한겨레〉, 2020. 1. 31.

3   "새는 알에서 나오기 위해 투쟁한다. 알은 하나의 세계이다. 태어나려 고 하는 자는 누구든 하나의 세계를 파괴하지 않으면 안 된다."(헤르만 헤세, 『데미안』에서)

4   〈송곳〉이라는 TV 드라마에서 따온 비유. 큰 자루에 많은 물건이 가득 한데, 송곳은 자루를 뚫고 삐죽 나오는 경향이 있다. 여기서 송곳은 본 질을 꿰뚫어 보는 날카로운 눈을 상징한다.

5   김재경, "'촉수'처럼 뻗어 있는 정보경찰 … '권력 손발' 막아야", 〈MBC 뉴스〉, 2020. 1. 21.

6   한국 현대사에서 검찰은 대통령을 만들고 지키는 '킹 메이커' 역할을 해 왔다. 이명박 계열인 윤석열 검사는 촛불의 힘에 떠밀려 박근혜 탄핵 때 적극 역할했으나 문재인 정부와는 상극이다. 더 중요한 점은, 그 검찰 뒤엔 삼성으로 상징되는 한국 재벌과 해외투자자, 즉 자본이 있다는 것!

7   구정은, "사막엔 눈 오고, 핀란드는 '파릇파릇' … 세계 곳곳 '이상한 겨 울'", 〈경향신문〉, 2020. 1. 27.

8   김기훈, "신종코로나 공포에 금융시장 '충격' … 환율 오르고 주가 급 락", 〈연합뉴스〉, 2020. 1. 28.

9   이소영, "'만족한 자'의 윤리", 〈경향신문〉, 2020. 2. 5.

10   이윤 중독증이란 이윤 추구에 강박적으로 의존하는 병적 상태로, 갈수 록 더 많은 이윤을 벌어야 일시적이라도 만족하며 만일 이윤 추구를 중

단할 경우 견딜 수 없는 불안에 사로잡힌다. 성장 중독증 역시 경제 성
장에 병적으로 매달리는 것으로, 위와 동일한 특성을 가진다.

6부

국가경쟁력
비교 논리의
함정

자유의 박탈!
아니, 자유의 자진 반납.
바로 이것이 해마다 반복되는
국가경쟁력 순위 발표의
함정이다.

미국 대통령
트럼프와
애플 관세 면제

　　　　　　　　　　　　해마다 1월 스위스 다보
스에서는 세계의 정치경제 리더들이 모이는 세계경제포럼(WEF, 다보
스포럼)이 열린다. 2020년 1월 행사에서 미국 트럼프 대통령은 경제전
문방송인 CNBC와의 인터뷰를 통해 '(중국에서 생산하는) 애플이 삼성과
의 경쟁에서 불이익을 받지 않도록 관세 부과를 면제해 줬다'는 취지
의 말을 했다. "한미 자유무역협정(FTA)에 따라 관세 혜택을 받는 삼
성과 달리 애플이 중국산 제품에 대해 관세를 물어야 할 상황"이기에
불공정함을 없애고자 관세를 면제했다는 것. 그러니 이제 애플도 자
기를 도와주었으면 좋겠다는 이야기다.

　사실 애플은 트럼프 대통령이 미·중 무역분쟁에서 중국산 PC 부
품에 관세를 부과하자 가격 경쟁력 악화를 우려하며 관세 면제를 요
청해 왔다. 그 와중에 트럼프 대통령은 중국을 압박하려고 1,560억

달러 규모의 중국산 제품에 2019년 12월 15일부터 15%의 관세를 물리겠다고 엄포를 놨는데, 이 경우 애플이 중국에서 생산하던 스마트폰까지 관세 부과 대상이 될 상황이었다. 하지만 트럼프 대통령이 중국과 무역협상 진전을 이유로 관세 부과 계획을 철회했기에 애플의 중국산 스마트폰은 관세를 물지 않게 됐다.

그런데 이 조치는 트럼프가 먼저 실시한 것이 아니라 사실상 애플 최고경영자 팀 쿡이 2019년 8월에 트럼프를 만나 그렇게 해 달라고 요청한 결과였다. 당시 쿡의 요청을 압축하면 이렇게 될 것이다. '우리의 최대 경쟁자인 삼성이 한국에 기반을 두고 있기 때문에 관세를 내지 않는다. 만일 당신이 중국 애플 제품에 관세를 부과한다면 관세를 내지 않는 회사와 경쟁하기가 매우 힘들게 된다.' 결국 트럼프는 애플 자본의 요청을 들어주었다.

요컨대 한 나라의 국제관계라는 것이 이런 식으로 종종 자본의 이익을 위해 움직인다.[1] 여기서 분명해진 것은 한 나라의 대통령이 이른바 '국가경쟁력' 제고를 위해 갖은 노력을 다한다는 점, 그것도 대자본의 이익을 위해 헌신한다는 점, 결국은 글로벌한 세계시장 경쟁 아래 각 나라의 대통령은 자국 자본의 이익을 위해 나름 최선을 다한다는 점이다. 다른 말로 민초들의 참된 행복이나 삶의 질 향상은 결코 최우선 순위가 아니라는 점이다. 전 세계적인 자본주의 경쟁 시스템 아래 한 국가의 '상대적 자율성'이란 것도 결국은 자본의 이해관계에 종속된다. 물론 아래로부터의 저항이 얼마나 거센가에 따라 그 결과는 달라질 수 있겠지만, '경쟁의 내면화'가 더 많은 사람들

의 정신세계를 잠식할수록 아래로부터의 저항조차 결코 쉬운 일이
아니다.

스위스 IMD의
국가경쟁력
비교

　　　　　　　　　　　　　　　스위스 국제경영개발대
학원(IMD)의 '2019년 국가경쟁력 평가'에서 한국은 63개국 중 28위로,
순위가 2018년에 비해 한 단계 하락했다. 여전히 돈벌이에 대한 제
약이 심하다는 이야기다. 특히 기업규제 항목에서 그 순위가 47위에
서 50위로 떨어졌고, 그 상위 항목인 정부 효율성 순위까지 29위에서
31위로 하락했다.

　대체로 우리는 해마다 이런 뉴스를 보며 거의 본능적으로 '아, 한
국의 경쟁력 순위가 올라가야 하는데 큰일 났군'이라 생각한다. 만일
뉴스에서 '올해 경쟁력 순위는 올라갔다'고 하면 괜스레 기분이 좋아
진다. 실제로 우리 자신의 삶의 현실은 별로 나아진 것도 없는데 말
이다. 도대체 무엇이 중요하고 무엇이 문제인가?

　누차 강조하지만, 이런 식의 경쟁력 비교란 결국 전 세계적 차원에
서 자본이 각국 노동자나 민초들을 길들이는 장치에 불과하다. 앞서

말한 '선착순 달리기'의 비유를 빌자면, 스위스 IMD 같이 국가경쟁력 순위를 매기는 주체들이 곧 체육 선생님 역할을 한다. 왜냐하면, 이 IMD 같은 곳은 세계적 차원에서 자본주의 시스템이 별 탈 없이 잘 작동하도록 측면 지원하는 기구이기 때문이다. 그리고 이 순위 발표를 들은 뒤 '또다시 허리띠를 졸라매고 국가경쟁력을 드높이자'고 소리치는 반장 같은 학생들이 곧 각 나라의 지도자다. 그리고 노동자를 비롯한 일반 국민들은 그 반 학생들이다.

다시 회고해 보자. 선생님 입장에서는 어느 학생이 1~3등에 드는가와는 무관하게, 학생들이 딴소리 않고 '선착순 달리기'에 몰두하는 한 전체 학생들을 평화롭게 통솔할 수 있다. 같은 원리로, IMD 같은 국제기구가 해마다 국가경쟁력 순위를 발표하면서 세계 각국을 한 줄 세우기하고, 이어 각 나라 대통령이나 정치경제 리더들이 경쟁력을 올려야 한다고 위기감을 조성할수록 각국의 노동자들은 더 허리띠를 졸라매고 더 열심히 노동을 해야 한다. 순위 자체가 중요한 게 아니라 순위에 목숨을 거는 태도가 문제다. 즉 순위에 목을 매는 태도를 지니고 있는 한, 학생들은 교사에게 꼼짝없이 잡힌 꼴이고, 각 나라의 노동자와 민초들은 세계자본에게 꼼짝없이 붙들리게 된다. 자유의 박탈! 아니, 자유의 자진 반납. 바로 이것이 해마다 반복되는 국가경쟁력 순위 발표의 함정이다. '해마다' 해야지만 세뇌가 잘 된다는 것도 또 다른 비밀이다.

그런데 이런 일을 하는 곳이 비단 IMD만은 아니다. 앞서 말한 세계경제포럼(WEF) 역시 이와 비슷한 일을 한다. WEF는 2019년 12월에 '2019년 국가경쟁력 평가' 결과를 발표했는데, 그 결과 141개국 중 한국의 국가경쟁력 종합순위는 2018년 15위에서 2019년 13위로 두 계단 뛰었다. 반면, 한국의 '노동시장' 항목의 경쟁력 순위는 2018년 48위에서 2019년 51위로 3계단 떨어졌다. 또 '정부규제 부담' 항목의 순위는 141개국 중 87위에 그쳐, 캄보디아, 라오스, 방글라데시 등에 도 뒤처졌다. 여기서도 우리는 대체로, 종합순위가 올랐다는 말에 안 도감을 드러내다가도, 노동시장이나 정부규제 등 세부 항목에서 순 위가 떨어졌다고 하면 가슴이 철렁한다. 마치 중고교 시절에 모의고 사 시험을 쳤는데 전교 등수가 올랐다면 기분이 좋아지고 반대로 내 렸다 하면 하늘이 무너지는 것처럼 느꼈던 그런 감정이다. 그러나 굳 이 그럴 필요는 없다. 마치 한국 축구팀이 외국 팀에게 이겼다고 기 분 좋아 날뛰거나 반대로 졌다고 해서 하늘이 무너지는 것처럼 느낄 필요가 전혀 없는 것처럼 말이다. 오히려 축구 같은 게임은 승패와 무관하게 그저 재미있게 즐기는 것이 좋다. 이기든 지든 상대방 나라 에 관심을 더 갖고 어떤 나라가 멋진 경기를 펼치는지, 어떤 선수가 멋진 활약을 하는지, 이런 걸 지켜보며 이야기를 나누는 것도 즐겁 다. 결과보다 과정이 더 중요하기 때문이다.

그런데 세계 기관이 발표하는 국가경쟁력 순위는 축구 게임보다 더 복잡한 문제를 제기한다. 이것은 결코 국제경기처럼 '즐길' 수 있 는 과정이 아니기 때문이다. 국가경쟁력 순위 발표에 일희일비할 정 도로 목을 맬수록 우리는 순위의 상승이나 하락과 무관하게 한국자 본을 포함한 세계자본의 운동에 종속될 뿐이다. 우리의 참된 자유를 상실한다는 이야기다. 바로 이 점을 잘 꿰뚫어 보아야 비로소 우리는 진정 자유로운 나라를 만들 수 있다.

이와 유사하게 국내에도 경제성장률에 목을 매는 기관이 있다. 국책연구소인 한국연구개발원(KDI)은 2019년에 '글로벌 금융위기 이후 우리 경제의 성장률 둔화와 장기 전망'이라는 보고서를 냈다. 실은 해마다 비슷한 보고서가 나온다. 그런데 이 보고서는, 지금과 같은 규제, 금융제도, 노동환경 아래서는 2020년대 GDP 증가율이 연평균 1.7% 수준으로 하락할 것이라 전망했다. 1987년부터 1996년까지 평균 10% 이상의 성장률을 기록하던 때를 상기하면 이제 우리 경제는 거의 포화 상태라 봐야 한다. 그러나 위 보고서 내용을 거꾸로 보면, 이렇게 된다. 즉 경제성장률을 2% 이상으로 더 많이 높이기 위해서는, 산업안전이나 환경, 국민건강, 투기 관련 정부규제를 완화하고 금융을 친기업적으로 바꾸며, 노동조합을 억제하고 노동시간 단축을 연기하되 노동 유연성을 강화해야 한다. 이렇게 되면 IMD나 WEF에서 발표하는 국가경쟁력 순위도 펄쩍 뛰어오를 것이 확실하다.

그러나 이게 무슨 의미인가? 우리가 경제성장을 하는 이유도 모두 사람들이 좀 더 인간답게 살자는 것 아닌가? 그러나 위 국가경쟁력 프레임이나 경제성장률 프레임은 민초들의 삶에는 별 관심이 없다. 오로지 돈벌이를 위해, 기업을 위해, 이윤을 위해, 성장을 위해, 경쟁력을 위해 허리띠를 더 졸라매자는 이야기뿐이다. 지난 60년 이상의 세월 동안 해마다 반복해 온 노래 아니던가? 이 모두 이윤 중독증, 성장 중독증의 결과다. 이제, 고마해라, 마이 무~따 아이가.

국제신용평가
기관들의
역할

'무디스(Moody's), 스탠더드 앤드 푸어스(S&P), 피치(Fitch) 등 3대 국제신용평가사들이 한국 경제의 신용등급을 일제히 상향조정했다'는 뉴스를 보면 어떤가? 괜히 기분이 좋아질 것이다. 반대로, 이들이 한국의 신용등급을 하향조정했다면? 당연히 마음이 무거워질 것이다. 물론 이 신용평가사들의 신용 자체가 각국 정부에 의해 평가되기도 하지만,[2] 일단 여기서는 그 문제는 별도로 두자. 신용평가란 무엇인가? 그것은 쉽게 말해 특정 나라에 자본을 투자하거나 돈을 빌려 주었을 때 얼마나 이윤을 건질 수 있는가? 또는 투자 자금을 얼마나 안전하게 회수할 수 있는가? 과연 떼일 가능성이 없는가? 본전은 건질 수 있는가? 등의 관점에서 평가한 점수다. 그 본질은 역시 자본의 돈벌이다.

실제로 한국도, 특히 'IMF 외환위기' 이후로 한참 동안 이런 국제 신용평가사들의 평가를 수없이 받아 왔다. 2019년 8월, 국제신용평가사 피치는 한국의 2020년 경제성장률은 하향조정한 반면, 국가 신용등급과 전망은 각각 AA⁻와 '안정적(stable)'을 유지했다. 11월에 무디스 사는 2020년 한국 경제 전망을 어둡게 내다보고 신용등급의 하향 가능성을 비추었다.[3] 크리스 박 무디스 기업평가 담당 이사는 "현재 24개 한국 민간기업들 가운데 절반 이상인 14개 기업의 신용등급 전망이 '부정적'인 것으로 평가됐다"고 하고 "전반적인 글로벌 경기 둔화와 무역분쟁 지속으로 한국 수출주도 기업들의 올해 수익성이 악화했는데, 내년에도 일부 개선될 여지는 있으나 개선 폭은 제한될 것"이라 보았다. 미·중 무역분쟁 지속으로 화학, 테크놀로지(IT) 업종이 영향을 많이 받을 것이며 특히 철강, 화학, 정유 쪽은 경기 둔화와 다운사이클(업황 침체) 영향으로 수익성이 나쁘다 했다.

재차 강조하지만, 이 모든 평가와 전망은 결국 자본 투자(자)의 관점이다. 앞에서 국가경쟁력 순위가 가진 함정을 말했는데, 국가신용평가 역시 그 효과는 마찬가지다. 투자 수익성이나 안정성 차원의 평가이기 때문에, 사람들의 행복이나 삶의 질 같은 차원은 전혀 고려 대상이 아니다. 그러니 민주화 운동을 통해 기껏 노동권을 강화하고 노동시간을 단축해 놓아도, 또 자연 생태계 보존 및 투기나 환경 규제를 어느 정도 강화해 놓아도, 이런 경쟁력 프레임이나 신용평가 프레임이 개입해 들어오면 '말짱 도루묵'이 되고 만다. 이런 맥락에서 나는 '시장경제와 민주주의'는 양립 불가하다고 본다.

한편, IMD나 WEF에 이은 이러한 국제신용평가기관들과 마찬가지로 세계 자본주의를 총괄적으로 관리하는 기구에 속하는 것이 국제통화기금(IMF), 세계은행(WB), 유럽중앙은행(ECB), 세계무역기구(WTO) 등이다. '세계평화'를 목적으로 내세우며 설립된 국제연합(UN)조차 근본적인 시각에서 보면 이들과 마찬가지로 세계 자본주의를 관리한다.

이 국제기구들이 세계 자본주의 관리자라니, 왜 그런가? ① IMD

나 WEF의 국가경쟁력 평가나 3대 신용평가사의 투자신용 평가를 통해 세계 각국을 자본 수익성 프레임 속으로 가두어 서로 경쟁하게 만든다. ② WTO는 세계무역기구로서 '자유무역'과 '자유투자'를 강요, 각 나라가 이미 만들어 놓은 각종 민주적 규제를 상품과 자본의 자유를 위해 철폐한다. ③ 세계은행과 국제통화기금, 유럽중앙은행 등은 세계금융자본의 흐름을 관리하며, 특정 나라(실은 그 기업이나 은행)가 파산 위기에 빠지면 긴급 구제금융을 수혈해 주는 대신 자본의 이윤 추구에 유리한 조건을 만들기 위한 구조조정을 강제한다. ④ UN은 평소에는 중립적인 세계평화를 추구하는 듯 보이지만, '위기' 내지 '비상 상태' 때에는 결국 '자본을 위한 세계평화'를 위해 군대를 투입하고 전쟁과 파괴를 수행한다. 그리고 재건 과정에서 친자본 성향의 정권을 세운다. 1948년 8월 15일에 출범한 이승만 남한 단독 정부도 UN이 정당성을 부여했다. 이승만 정권은 한편으로 친일파 청산을 저지했고 오히려 이들의 부활을 도왔으며, 다른 편으로 반공 폭력 조직인 '서북청년회'를 지원함으로써 자본주의를 넘어서려는 모든 진보세력을 거의 박멸했다(1950~53년 한국전쟁 때의 대학살 포함). 이 모든 과정이 UN의 직간접적 지원 아래 이뤄졌다는 점은 시사적이다. 요컨대 국제 내지 세계라는 이름을 달고 활동하는 글로벌 기구들은 결코 중립적이지 않다. 설사 평소에는 중립적으로 보일지라도, 결정적인 시기엔 자본을 위해 움직인다.

국가경쟁력 논리를
60년 맹목 추종한 결과 -
삶의 행복 차원은 꼴찌

2018년 기준, 한국의 GDP 대비 공공사회 복지지출 비율은 11.1%였다. OECD에 자료를 제출한 회원국 29개 중 꼴찌였다. 이 29개국의 평균 공공사회 복지지출 규모는 국내총생산의 20.1%였다. 한국의 경우 평균치의 절반 정도밖에 되지 않는다. 물론 한국의 공공사회 복지지출 규모는 최근 10년간 꾸준히 상승했다. 예컨대 2009년 8.4%였던 공공사회 복지지출 비율은 2013년 9.3%, 2015년 10.2%에 이어 2018년 11.1%로 상승했다. 그 배경에 기초연금 도입, 국민기초생활보장제 확대, '문재인 케어' 등으로 대표되는 건강보험 보장성 확대 등의 영향 요인이 있다. 하지만 선진 복지 국가에 비하면 갈 길이 멀다. GDP 대비 공공사회 복지지출 비율이 가장 높은 나라는 프랑스(31.2%)다. 다음으로 벨기에(28.9%), 핀란드(28.7%), 덴마크(28%), 이탈리아(27.9%) 등이 상위권이다. 사실 한국은 조세부담률과 국민부담률(조세에다 공적연금 및 사회보험 비용 등을 더함)이 상대적으로 낮은데, 조세부담률은 2017년 기준 GDP의 18.8%로 OECD 평균(24.9%)보다 꽤 낮다. 또 국민부담률은 GDP 대비 25.4% 수준으로 OECD 평균(34.2%)과의 격차가 더 크다. 프랑스의 국민부담률은 2017년 기준 46.2%에 달했다.

요컨대 같은 자본주의 사회라 하더라도 공동체 의식과 사회적 합의가 잘 이뤄진 나라와 각자도생 의식과 경쟁의 내면화가 극심한 나라 사이엔 상당한 차이가 있다. 달리 말해 전자의 경우 직간접 조세 부담률이 높은 대신 복지 시스템 구축 정도나 삶의 질 역시 높은 편이다. 그러나 복지국가 역시 문제가 없는 것은 아닌데, 켄 로치 감독의 〈나, 다니엘 블레이크〉에 잘 묘사된 것처럼 실업수당 하나 받기 위해 온갖 인간적 수모를 겪기도 한다. 나아가 이런 선진국 역시 글로벌 경쟁의 강화와 함께 갈수록 각자도생 분위기가 확산한다. 경쟁과 이윤이라는 축을 중심으로 움직이는 자본 시스템에 대한 근본 대안이 더욱 절실해진다.

보다 구체적으로, 한국 어린이·청소년의 행복 수준을 보면 이 역시 OECD 최하위다. 한국보건사회연구원이 2019년에 실시한 '아동종합실태 조사'에서 9~17세 초중고교생의 개인 행복도는 10점 만점에 평균 6.57점이었는데, OECD 회원국 어린이·청소년의 삶의 만족도는 평균 7.6점이고 북유럽 국가는 대부분 8점 안팎이다. 한국은 5년 전에 비해 경제규모와 국민소득은 향상됐지만 어린이·청소년의 삶의 질은 그와 반대로 달린다. 그것은 한편으로 어린이와 청소년이 경쟁적 학습 분위기, 시험 성적이나 순위 비교의 압박감, 대학입시 부담 등에 노출되어 있기 때문이고, 다른 편으로 부모 스스로 노동시장이나 노동현장에서 고도의 불안감과 스트레스에 노출된 나머지 자녀에게 '조건 없는 사랑'을 줄 수 없는 상황 때문이기도 하다. 나아가 사회 전반의 양극화 심화 등에 따른 결과로도 보인다.

일례로 한창 일할 나이인 20대 후반의 젊은이들이 대단히 어려운 상황이다. 실제로 2018년 한국 전체 실업자에서 25~29세 실업자 비중은 21.6%였다. 이는 덴마크(19.4%), 멕시코(18.2%), 미국(13%), 일본(12.6%), 독일(13.3%) 등보다 높다. OECD 36개 회원국 중 최고다. 이 꼴찌 성적표는 2012년 이후 7년 내내 유지되고 있다. 특히 2018년 통계를 좀 자세히 보면, 한국의 15세 이상 인구 중 20대 후반은 7.8%밖에 되지 않지만, 실업자 다섯 명 중 한 명이 20대 후반일 정도로 실업 문제가 이들에게 집중돼 있다.

이러니 젊은이들이 연애, 결혼, 출산을 포기하는 것도 이해가 된다. 오죽하면 'N포 세대'란 말까지 나오겠는가? 실제로 한국의 2019년 합계출산율(한 여성이 평생 낳는 아이의 수)은 0.9명으로 OECD 꼴찌다. OECD 36개 회원국 중 합계출산율이 1명도 안 되는 나라는 한국뿐! OECD 평균은 1.68명이다. 미국 1.88명, 프랑스 1.98명, 사우디아라비아는 2.73명이다.

그러면 노후는 행복한가? 65세 이상 노인의 빈곤율 역시 OECD 회원국 중 최고다. 이들이 소비·저축을 위해 언제든 쓸 수 있는 돈인 '가처분소득'은 전체 가구당 평균 가처분소득의 65.1% 수준이다. OECD 회원국 중 콜롬비아를 제외한 35개 회원국의 가구당 평균 가처분소득 대비 65세 이상 노인 가구의 가처분소득은 87.4%에 이른다. 한국의 경우보다 무려 22.3%나 높은 셈이다. 룩셈부르크(102.4%)나 프랑스(97.7%)와는 비교도 안 된다. 한국에서 75세 이상 노인의 경우는 더 심각한데, 이들의 가처분소득은 전체 가구당 평균 가처분소득 대비 54.6%다. 결국 65세 이상 노인들은 노후 행복을 즐기기는커녕 노인 일자리 탐색에 나선다. 한평생 경쟁력 강화 프레임 속에서 피와 땀과 눈물을 흘리며 살아왔으나 과연 남은 게 무엇인가? 세계적 기업이 되었다고 자랑하는 재벌 대기업들이 나날이 돈 잔치를 벌이는데(2014년 5월 이후 의식불명 상태로 병상에 있는 이건희 삼성그룹 회장은 무려 1,100억 원에 이르는 배당금을 받을 예정),[4] 과연 무수한 민초들의 삶은 왜 이 지경이 되었을까? 그것은 사람답게 살 만한 사회경제적 조건들이 갖춰지지 않았기 때문이다.[5] 그래서 피와 땀, 눈물을 흘리며 열심히 노력해도 그 결실이 어디론지 새어 나간다.

대표적으로 정경유착이나 부정부패가 문제인데, 이것이 얼마나 심한지 구조적으로 보여 주는 지표가 있다. 그것은 국제투명성기구(TI)가 해마다 발표하는 부패인식지수(CPI), 즉 청렴도의 국제비교다. 한국은 2019년도 국가별 부패인식지수에서 역대 최고 점수인 (100점 만점에) 59점을 받아 세계 180개국 중 39위를 했다(일본 20위, 미국 23위, 대만 28위). 2016년 청탁금지법 시행에도 불구하고 2017년까지 2년 연속 50위권에 머물다가 그나마 문재인 정부 이후 2018년부터 개선 중이다. 그러나 여전히 OECD 회원국 36개 중 27위로 하위권이다. 오랜 '적폐'가 여기저기 널려 있기 때문이다. 곳곳에서 썩은 냄새가 나는 배경이다.

반면 이렇게 잘못된 시스템을 고칠 수 있는 민초들의 힘은 어떤가? 우선 노동조합 조직률을 보자. 2018년 말 기준 한국 노동조합 조직률은 2017년 10.7%보다 높아진 11.8%였다. 전체 노동자 약 2천만 명 중 노조원 수는 233만여 명으로 전년보다 24만여 명 늘었다. 그럼에도 2018년 OECD 회원국 평균인 약 25%에 비하면 터무니없이 낮아 거의 꼴찌다. 아이슬란드(92%), 덴마크(67%), 스웨덴(65%), 핀란드(60%), 노르웨이(49%) 등 북유럽 국가들의 노조 가입률은 한국과 비교가 안 된다. 한국과 비슷한 나라는 미국(10%), 멕시코(12%) 정도다. 노조 조직률도 문제지만 노조의 교섭구조가 기업별 교섭이라 한계가 크고, 산업별 노조는 있되 교섭은 없다. 전국 수준의 노사정 대화조차 대체로 자본의 이해를 관철하는 구조이기에 아무리 시도해도 파행으로 치닫는다.

나아가 노조에 대한 일반 시민들의 의식 또한 부정적인 면이 크다. 독재 시절에 직간접으로 경험한 트라우마 효과다. '노조'라 하면 무조건 붉은 띠를 두르고 구호를 외치는 '빨갱이' 집단이라는 식의 프레임이 조중동으로 상징되는 극우 보수 언론과 자한당으로 상징되는 극보수 정치 집단[6]에 의해 지난 60년 이상 사람들의 내면세계를 지배해 왔기 때문이다. 이런 트라우마와 두려움을 벗어나 진정 자유로운 시민들이 많아져 단결하고 연대할 때, 비로소 세상은 조금씩 바뀐다.

사태가 뒤틀리게 된 까닭 - 경쟁과 이윤 시스템과 인간 DNA 변조

그렇다면 이런 질문이 가능하다. 1960년 무렵 1인당 국민소득이 약 80달러였는데 2020년 현재 그것은 약 32,000달러, 즉 지난 60년 동안 1인당 국민소득이 무려 400배나 늘었다. 그런데 과연 우리의 삶의 질이나 행복 수준은 그만큼 늘었는가? 위에서 살핀 몇 가지 지표만 봐도 그동안 우리가 헛되이 산 것 같다. 물론 완전히 헛된 삶을 산 것은 아니다. 그간 물질적 발전 내지 생활 수준이 엄청 높아진 것도 사실이기 때문이다. 그러나 인간다운 삶의 관점, 즉 삶의 질과 행복이라는 관점에서 보면 뭔가 잘못돼도 한참 잘못되었다.

무엇이 문제인가? 결코 한국인들이 게으르거나 '멘탈'이 문제라서 그런 건 아니다. 정치경제적 사회구조가 문제다. 그것은 다시 말하지만 무한경쟁을 기본으로 하여 이윤을 추구하는 시스템이 문제라는 이야기다. 지금까지의 교육과 노동시장, 정치행정과 법제도 등은 모두 이 경쟁과 이윤의 자본 시스템을 뒷받침해 왔다.

생각해 보라. 어린아이가 유치원에 가기 전까지만 해도 부모나 어른들은 아이를 '조건 없이' 사랑한다. 너무나 소중한 보배처럼 대한다. 그러나 유치원, 초등학교에 가기 시작하고 한글이건 숫자건 영어건 상관없이 성과 경쟁을 시작하면서부터 아이를 보는 눈이 달라지기 시작한다. 다른 아이들과 부단히 비교도 한다. 혹시 내 아이가 뒤처질까 봐 불안이 급습한다. 부모 입장에서는 혹시 내 아이가 나의 열등한 과거를 반복할까 두렵기도 하다. 부모 역시 우열을 가르는 경쟁 시스템에서 자기도 모르게 숱한 상처를 받았기 때문에 마음 깊은 곳에 늘 두려움을 누른 채 살아간다. 그래서 아무도 말은 않지만 속으로 '아이가 내 열등감 내지 열패감을 깨끗이 씻어 주었으면' 하고 생각한다. 아니면 '내 아이가 우수하고 탁월한 아이로 자라나 우리 가문을 새롭게 빛내 주었으면' 하고 소망한다. 그러니 초중고교를 거치는 동안 아이에게 전력투구하지 않는 부모가 거의 없다. 학교 역시 아이들의 성적이 우수하고 대입 결과가 좋아야 '명문'으로 빛난다. 이른바 '좋은' 학교란 아이들의 자율성을 길러 주고 협동심을 키우는 학교가 아니라 일류대학에 많은 아이를 진학시킨 학교이며, 졸업생이 사법고시나 행정고시 등에 많이 합격하는 학교다. 그런 경우 곳곳에 현수막까지 걸어 자축하기도 한다. 그런 분위기를 보고 듣고 직접 경험하며 자란 아이들이 경쟁의 덫으로부터 자유롭긴 정말 어렵다. 대학은 어떤가? 부모나 교사들은 "대학 가서 놀아라"고 했지만 대학생들은 학점 관리나 '스펙 쌓기'로 바쁘다. 낭만과 지성은 사라진 지 오래다. 이른바 '신자유주의' 시대가 깊어지면서, 또 한국의 경우 'IMF 트라우마' 탓에 각자도생의 삶이 전면화했다. '아무도 나를 지켜 주지 못한다'는 두려움이 모두를 짓누른다.

사실 '스펙'이란 것도 원래는 어떤 상품의 세부 속성이다. 학생들의 '스펙 쌓기'에는 내 노동력의 세부 속성을 경쟁력 있게 구성함으로써 내 노동력을 잘 팔리는 상품으로 만들겠다는 의도가 깔려 있다. 이런 식으로 자본은 '만물을 상품화'한다! 앞서도 말한 바, 노동력의 상품화는 자본주의 정립의 기본 조건이다. 오늘날은 이 노동력이 가진 감정마저 상품화된다. 이른바 감정노동! 또 취업을 해도 출신 대학에 따라 각종 '줄'이 생기고 승진 결과가 달라진다. 어디를 가도 출신 대학이나 직장이 어딘지에 따라 차별적 시선이 느껴진다. 이게 현실이다.

그래서? 서러움을 겪지 않으려면 현실을 인정(수용)하고 아이들을 부모가 확실히 잡아야 한다? 아니면 현실을 인정(통찰)하고 이런 식의 상처를 주지 않는, 사람이 사람답게 사는 사회를 만들어야 한다?

다시 강조하지만 지난 60년 동안 우리는 전자의 길을 걸어왔다. 그리고 갈수록 더 상처받고 상처 주는 사회를 만들어 왔다. 그런 사회에서 유일한 탈출구는 '나' 하나만, 아니 내 '아이'까지만 상층부로 올라서는 것. 여전히 현실의 구조는 전혀 바뀌지 않았고 다만 그 상층부를 차지하는 개인들만, 그것도 극히 일부만 바뀌었을 뿐이다. 갈수록 그 가능성의 문은 좁아진다. 그래서 오늘도 내일도 같은 게임, 아니 더 치열해지는 게임을 대를 이어 계속해야 한다. 갈수록 아이들의, 청소년의, 청년의, 장년의, 그리고 노년의 스트레스와 불행감 지수가 높아지는 까닭이다. 갈수록 한국 사회의 온갖 지표들이 OECD 내지 세계 꼴찌로 치닫는 까닭이다. 그래서 '자살 공화국'이란 오명도 나왔다.

후자의 길은 어떤가? 말은 맞는데 너무 '이상적'인가? 그렇다. 이상적이고 인간적이다. 인간적인 삶, 이상적인 삶! 그런데 원래 우리 모두는 어릴 적부터 이런 삶을 살고 싶어 하지 않았던가? 왜 우리는 스스로 인간적이고 이상적인 삶을 오히려 '아니'라고 말할 지경이 되었는가? 왜 스스로 자유로부터 도피하는가? 바로 이것이 수백 년 이상 계속되어 온 경쟁 시스템의 '인간 DNA 개조 효과'다. 다른 말로, 경쟁의 내면화!

원래 자본의 입장에서 경쟁이란 이윤 추구를 위한 도구였다. 인간 입장에서 경쟁은 인간 '외적'인 것이었다. 그것도 외적 강제. 이 외적 강제가 인간 DNA 속으로 침투한 것, 이것이 경쟁의 내면화다. 그 결과 마치 경쟁이 인간 존재의 조건인 것처럼 보이게 되었다. 이제 경쟁 시스템을 바꾼다는 것은 상상도 못 하게 되었다. 인간이 할 수 있는 건 오로지 경쟁 메커니즘 안에서 부단히 위로 올라가려고 노력하는 것일 뿐. 그것도 타자를 발로 짓밟고 올라가건, 팔꿈치로 밀어제치면서 올라가건 상관없다.[7] 목표는 오로지 꼭대기! 최소한 그 부근에라도 가야지만 살아남는다. 이런 식이다. 이 경쟁 게임엔 아프리카의 아이들이 보여 준 '우분투' 정신 같은 건 없다. 그러나 우리에게도 불과 수십 년 전까지는 '이웃사촌'이, 두레나 품앗이 정신이 살아 있었다. 마을이 공동체로 살아 있었다. 이제는 마을이 박물관처럼 되어 간다. 귀해진다. 사라진다. 그래서다. 이 잘못된 물결을 되돌려야 한다. 쉽지는 않다. 하지만 전혀 불가능한 것도 아니다. 우리 영혼에 마지막으로 남아 있는 자유의 정신을 되살리면 된다. 진정 자유로운 사람은, 고독은 고독대로 즐기고 공동체는 공동체대로 즐긴다. 이것이 인간답게 사는 것이니까.

나부터 실천

1. 국가 경쟁력 논리로부터 자유로워지려면 무엇이 필요할까 생각해 보기
2. 지난 60년 동안 한국 사회가 경제성장을 위해 달려온 결과가 무엇인지 토론하기
3. 경쟁력 프레임을 벗어나 참된 자유인으로 살아가는 법을 실천하기
4. 고독은 고독대로 즐기고 공동체는 공동체대로 즐기며 살아 보기
5. 나의 '변조된 인간 DNA'를 찾아보고 이를 바로잡는 법도 찾아보기

6. ———

1   그러면서 '비즈니스맨'인 트럼프는 자신의 정치적 이익을 위해 애플이
     협력해 줄 것을 요청했다. 애플이 스마트폰 잠금장치 해제를 거부해 자
     신의 '우크라이나 스캔들' 관련 의혹을 해소하는 데 도움이 되지 않았기
     때문이다.

2   이승관, "신용도 의심받는 국제 신용평가기관", 〈연합뉴스〉, 2003. 3.
     28.

3   장영일, "무디스, 韓 기업 신용등급 강등 예고 … '수익성 개선 어렵다'",
     〈세계일보〉, 2019. 11. 19.

4   임초롱, "삼성 금융계열사 1.1兆 배당잔치 전망 … 이건희·재용 父子,
     1100여억 원 받을 듯", 〈아시아투데이〉, 2020. 1. 10.

5   세부적으로는, '20 대 80 사회'를 만드는 경쟁과 이윤 시스템, 자산 불평
     등과 소득 불평등, 투기 경제, 사회 재분배 시스템의 불충분, 그리고 정
     경유착과 부정부패 등이 있다.

6   이승훈, "김무성, '노조 쇠파이프 없었으면 3만불 넘었다'", 〈오마이뉴
     스〉, 2015. 9. 2.

7   강수돌, 『팔꿈치 사회』, 갈라파고스, 2013 참조.

7부

왜 우리는
경쟁을
내면화하는가?

부모와 아이들이
'목숨'을 걸 때부터
불행은 예고된다.
정작 걸어야 하는 것은
목숨이 아니라
자신만의 꿈이기 때문이다.

집단 트라우마
효과와
강자 동일시

1946~47년 무렵 미군정
기에 군사 재판이 열렸다. 재판장은 미군 장교였다. 남한 경찰이 민
중 반란군 중 1명을 기소한 상태로, 경찰은 재판정에서 이자가 불법
시위를 일으킨 주동자 중 한 명임을 증명하려 했다. 다급한 경찰이
길거리에서 만만하게 보이는 3명의 남성을 재판정까지 거의 강제로
끌고 와서 증인으로 내세웠다. 경찰이 첫 증인(?)에게 물었다.

"당신은 이 사람을 아는가?" 피고를 가리키며 눈을 부라렸다.

"모릅니다." 남성이 이렇게 말하자, 경찰의 주먹이 그를 갈겼다.

두 번째 남자에게도 물었다. "당신은 이 인물을 아는가?"

역시 "모릅니다"라 했다. 아까보다 더 센 주먹이 날아갔다. 두 번째
남성은 처박히듯 무릎을 꿇었다. 경찰은 세 번째 남자를 불러 세워
다시 물었다. "당신은 이 사람을 아는가?" 이에 그 남자는 즉각 "네,

압니다"라고 했다. 이 증언은 채택되었고, 재판은 일사천리로 진행되었다.

이 이야기는 당시 미군정 자문관으로 일했던 R. D. 로빈슨이 전한 것으로, 프랑스 파리 6대학의 B. 뢰네 교수의 보고서에 나온다.[1] 물론 우리는 이미 중고교 시절에 비슷한 사례를 몸으로 겪었기에 이런 게 별로 낯설지 않다. 하지만 이 이야기의 가르침은 무엇인가?

그것은 감당하기 어려운 국가 폭력에 직면했을 때, 도무지 맞서 싸울 수도 없고 용케 도망갈 수도 없는 상황에서, 죽음의 두려움에 사로잡힌 우리가 생존할 수 있는 유일한 길은 그저 강자 의지에 순종하는 것이란 점이다. 강자 동일시! 이것이 1차 강자 동일시다.

이렇게 강자 앞에 복종을 맹세하면 최소한 목숨은 살려 준다. 시간이 좀 지나면 약자인 나 역시 마치 강자가 된 것처럼 느낄 수도 있다. 그래서 나보다 더한 약자를 보면 내가 강자 행세를 한다. 2차 강자 동일시다. 이런 식으로 1차, 2차, 3차 강자 동일시 심리와 행위가 온 사회로 퍼진다. 그래서 마침내 사람들은 이렇게 생각하게 된다. '이 세상은 힘의 논리가 지배해. 그러니 나도 강자가 되어야지.'[2]

원래 이 '강자 동일시' 개념은 '공격자(가해자) 동일시' 개념에서 나왔다. 이미 1930년대 초, 헝가리 심리학자 S. 페렌치 박사가 이런 이야기를 했다. "압도적이고 반복적으로 폭력을 행사하는 부모를 둔 어린 아이는 육체적으로나 정신적으로 무력감과 좌절감에 휩싸인다. 이 아이는 아직 저항할 수 있는 힘도 없고 멀리 도망갈 수도 없다. 부모의 권위와 막강한 힘은 아이의 감각을 마비시킨다. 아이는 거듭되는 폭력 앞에 두려움과 불안에 휩싸인다. 이 불안과 두려움이 아이로 하여금 공격자인 부모의 의지 아래 자신을 굴복하게 한다. 아이는 자신의 고유한 느낌이나 기억, 소망을 잊은 채 눈치를 보며 완전히 공격자(부모)와 동일시한다."[3]

V. 터너 역시 비슷한 이야기를 했는데, 부모로부터 인정을 받지 못하는 유아 역시 부모와 결속(애착)관계 형성을 위해 내면의 분노를 억압하면서 스스로 타자(부모)의 정체성을 수용한다는 것이다. 유아는 부모의 기대를 자기의 것인 양 여기고, 기대 압박에 순응하기 위해 갖은 노력을 다함으로써 심리적 안정을 느끼게 된다.[4] 이 역시 공격자 동일시다.

같은 심리적 메커니즘이 한국 사회의 아이들이나 부모들에게도 관철된다. 부모들은 아이들을 경쟁의 승자로 만들고 싶어 하고, 아이들은 부모의 기대를 저버리지 않으려고 경쟁의 승자가 되기 위해 발버둥 친다. 부모는 부모대로 힘들고, 아이들은 아이들대로 힘들다. 이렇게 되는 근본 원인은, 생존 경쟁에서 입은 트라우마와 무력감이나 열패감에 대한 두려움이다.[5]

이 공격자 동일시 개념이 독일의 H. 하이데 교수에 의해 '시스템 동일시' 개념으로 발전되었다.[6] 이것은 압도적인 폭력을 행사하는 공격자 내지 가해자가 개인이 아니라 시스템(구조)인 경우다. 즉 전쟁과 군대, 또 검찰, 경찰이나 정보기관이 일으키는 국가 폭력, 제도 폭력 등의 경우에도 피해자는 동일한 메커니즘을 통해 '시스템 동일시'를 행함으로써 자신의 목숨을 구한다.

동일한 논리를 자본주의 시스템에 적용하면 이렇게 요약할 수 있다. ① 자본이 자신을 관철하기 위해 그에 대적해 저항하는 모든 세력과 관습을 척결하는 과정에서 막강한 폭력을 행사한다. ② 그 과정에서 일부 저항하는 자들이 거듭 나오지만 감당하기 어려운 폭력 앞에 결국은 무참히 패배하며, 그러한 저항과 패배가 여러 번 반복된다. ③ 저항했던 자들은 물론 그 주변에서 지켜보던 자들도 그 폭력이 사회 전반에 남긴 '집단 트라우마'(사회 구성원 대다수가 겪는 마음의 상처)와 두려움에 시달리고, 그런 상태에서는 도무지 살아가기 어렵기에, ④ 결국 이들은 '시스템과의 동일시'를 통해 더 이상 저항하지 않음으로써 자신의 생존을 보장받는다. ⑤ 그렇게 한두 번 목숨을 건진 사람들은 '시스템 동일시'가 자기 존재를 보장해 주는 것, 또 자신의 열등감을 씻어 주는 것을 반복 경험하게 되고, 이는 장기적으로 일종의 삶의 패턴으로 고착된다. 바로 이것이 오늘날 우리가 당연시하는 '경쟁의 내면화'가 이뤄지는 정치경제적, 사회심리적 메커니즘이다.

나는 위 두 개념(공격자 동일시, 시스템 동일시)을 개인적 차원과 집단적 차원을 굳이 가리지 않고 '강자 동일시'라는 개념으로 통합해서 쓴다. 왜냐하면 두 개념이 비록 최초에는 다른 근거에서 출발했지만, 사회적 과정이 반복되면서 이제는 개별 공격자 안에 시스템의 논리가 이미 깃들어 있고 또 그 시스템 역시 결국 공격자들이 움직여 가는 것이라 보기 때문이다. 즉 일종의 융·복합이 이뤄진 까닭이다. '강자'라는 개념 안에 개인이나 시스템을 모두 포괄하는 셈이다.[7]

한국
역사 속의
집단 트라우마

　　　　　　　　　　　실제로 조선인들은 영화 〈아이 캔 스피크〉나 〈군함도〉에 일부 묘사되듯 일제하 성노예 피해자로, 강제노동 피해자로 일본 제국주의의 폭력을 처절하게 경험한 바 있다. 미군정기에는 전평(전국노동조합평의회)으로 상징되는 진보적 노동운동이 철저히 탄압받았다. 영화 〈지슬〉에서 잘 묘사된 제주 4·3항쟁 또한 미군정기에 시작(1947. 3.)되어 한국전쟁 이후(1954. 9.)까지 이어진 국가 폭력을 상징한다. 1948년 8월 이승만 정부 수립 이후에도 진보 세력 탄압은 계속되었는데, 그해 10월의 여수·순천사건 진압과 그 직후 반공법(현 국가보안법) 제정이 대표적이다. 그 와중에 진보 세력은 지하로 숨어들어 '빨치산'(저항) 운동을 지속했고 그런 투쟁 과정이 군사적으로 첨예화한 것이 곧 한국전쟁(1950~53)이다. 한국전쟁을 전후로 국민보도연맹 학살 등 양민 학살이 일어났고, 이런 국가 폭력은 전 민초들에게 극도의 트라우마와 두려움을 안겨 주었다. 그리고 박정희 및 전두환 군사독재 시절에도 역시 중앙정보부와 국가안전기획부, 검찰과 경찰, 보안사 등으로 상징되는 국가 폭력기구에 의해 진보운동이 극도의 탄압을 당하고 많은 운동가들이 목숨까지 잃었다. 이 모두가 각각의 시대마다 1세대 민초들에게 집단 트라우마를 안겼고, 그것이 2세대로 전승되고 사회화했다.

이런 맥락에서 보면 보수적 정치 이념을 대변하는 정당이나 그들을 지지하는 사람들이 미국이나 일본과 '강자 동일시'를 하고 자본주의 안에서 '시스템 동일시'를 하는 것도 이제 잘 이해된다. 두려움과 생존전략! 더 중요한 것은 이 현상이 비단 특정 정당이나 집단만이 아니라, 즉 여/야, 진보/보수, 빈/부 계층을 막론하고 한국 사회 대다수 구성원들에게 널리 퍼져 있다는 점, 따라서 누구도 역사적으로 생긴 집단 트라우마에서 자유롭지 못하다는 점이다.

여전히 우리는 자본주의 자체의 문제점을 토론하거나 그것을 넘어가기 위해 대안을 모색하는 일에 두려움과 부담감을 느낀다. 게다가 자본주의 시스템과 동일시를 한 상태에서 이뤄지는 다차원적 경쟁 과정은 대다수 사람들에게 열등감 내지 열패감을 안긴다. 결국 정치 경제적 진보성을 떠나 거의 대부분의 사람들이 자기 존재의 우수성(경쟁력)을 드러내기 위해, 그리고 동시에 자기 존재의 결함을 숨기기 위해 강박적으로 매달린다.

그런데 위 2~3세대에 해당하는 사람들은 1997년 이후 'IMF 트라우마'까지 추가로 경험한다. 그나마 1세대에서 2세대로 이어지는 과정에서는 비록 소수였지만 일부가 반독재 민주화 운동에 적극 참여했고 최소한 소극적으로 동조하는 이들이 꽤 있었다. 객관적으로 당시만 해도 한국 경제가 팽창 일로였다. 최소한 1990년대 중반까지는 그랬다.

하지만 2세대에서 3세대로 가는 과정과 그 이후 4세대로 이어지는 과정은 정치 민주화가 어느 정도 진전되긴 했지만 경제적으로는 1997년 외환위기 및 그 이후 상시적 구조조정 과정이었다. 즉 한국 경제가 내리막길을 달리는 중이었기에, 집단적 저항은 상대적으로 어려워지고 각자도생 분위기가 더 팽배해졌다. 특히 2009년 쌍용자동차 노조원 정리해고 반대 투쟁은 투쟁 당사자만 아니라 그 가족들과 주변인들에게도 상당한 트라우마를 남겼다. 저항과 패배가 거듭되면서 좌절과 상처는 커졌고, 마침내 대부분의 투쟁가와 활동가들이 1987년이나 1997~98년과 같은 전면적 투쟁을 이끌기 어렵게 되었다. 일부 고공농성 등에도 불구하고, 위의 위축된 분위기가 사회적으로 널리 퍼졌다. 'IMF 트라우마'와 '노동 트라우마'가 결합된 결과이다. 내가 말하는 노동 트라우마(labor trauma)란, 기업의 일방적 지시, 상사의 압력과 강제, 동료와의 불통과 불화, 주변의 멸시와 왕따, 위계조직에 의한 자율성 상실, '갈-비 법칙'(아래로 갈구고 위로 비벼야 생존 및 출세 가능함), 차별과 해고의 공포 등 자본의 가치법칙에 기인하는, 인간성 말살의 한 결과로 정의된다.

두려움의 세대 전승

내가 고교 3년 때 부마항쟁(1979. 10.)이 터졌다. 박정희 정권 말기였다. 당시 나는 무엇이 무엇인지 잘 모르던 시절이었다. 부산과 마산에서 박정희 독재 타도를 외치는 대학생과 청년들이 거세게 일어났다. 위수령인지 계엄령인지 군인들이 출동했고 탱크 같은 것도 길거리에 포진했다.[8] 부모님이나 동네 어른들은 혹시나 아무것도 모르는 우리가 시위대에 '휩쓸릴까 봐' 늘 이렇게 말했다. "함부래이~" 경상도에서 이 말은 "함부로 아무 데나 휩쓸려 들어가지 마라"는 뜻으로 쓰인다. 기막힌 줄임말이다. 그 말 뒤에는 말하지 않은 무언가가 숨어 있다. 굳이 글로 쓰자면, "잘못하면 죽는다" 이런 말이다. 그런데 경상도에서 '죽는다'는 말 대신에 또 잘 쓰는 말이 있다. 그것은 '골로 간다'는 말이다. '골짜기로 끌려가 죽는다'는 뜻이다.

앞서도 간략히 나열했듯, 일제 때나 미군정기나 한국전쟁 시기, 또 군부독재 정권 시절에 민주화 운동 내지 사회주의 운동을 한 사람들은 수십, 수백 명씩 '쥐도 새도 모르게' 잡혀 갔고, '골짜기로 끌려가' 죽임을 당했다. 남원 양민 학살, 제주 4·3항쟁 학살, 부산 구포동 양민 학살, 경산 코발트 광산 학살, 함평 양민 학살, 순창 양민 학살, 화순 북면 양민 학살, 문경 양민 학살, 영동 노근리 양민 학살, 강화 양민 학살, 거창 양민 학살, 대전 산내 양민 학살, 산청·함양 양민 학살, 마산 양민 학살 등이 바로 그것이다. 전국적으로 적게는 30만 명, 많게는 120만 명이 이 학살 행렬로 죽임을 당했다. 한국전쟁 당시 내 부모님(모두 일제 때 출생)도 전란을 피해 마산에서 부산으로 갔다가 다시 마산으로 와서 살게 되었다. 지금 와서 보면, 두 분 다 역사적인 고초 속에서 트라우마를 중첩적으로 겪었고 마음 깊은 곳에는 늘 생존의 두려움이 자리한 듯하다. 그래서 늘 자식들에게 "함부래이~"라고 하면서 조심시켰던 것이다. 그리고 보니, 내가 자랄 적엔 길거리에서 경찰만 보면 괜스레 주눅이 들고 '혹시 날 잡으러 온 게 아닌가?' 하는 생각이 들었는데, 그런 게 모두 트라우마 효과였다.

이것은 우리가 어릴 적에 개에게 물려 상당한 트라우마를 겪은 경우, 어른이 돼도 개만 보면 두려움에 휩싸이는 것과 마찬가지다. 물론 이런 트라우마는 강아지를 키우기 시작하면서, 그리고 강아지와 감정을 교류하고 소통하면서 서서히 사라진다. 하지만 역사적으로 경험한 트라우마는 쉽사리 지워지지 않고 "함부래이~"라는 말에서처럼 대를 이어 전승된다.

영국의 사학자 E. P. 톰슨 역시 직접 표현은 않았지만 이러한 트라우마 효과의 세대 전승을 시사하는 언급을 한다. "공장노동자 1세대는 (처음엔 노동 자체를 거부했지만) 고용주로부터 시간의 중요성을 교육받았다. 2세대는 '10시간 노동' 쟁취운동을 펼치면서 노동시간단축위원회를 결성했다. 3세대는 초과 노동수당을 위해 파업했다. 그들은 고용주가 제시한 범위를 수용했고 그 '안'에서 저항하는 법을 배웠다. 그들은 '시간이 돈'이라는 교훈을 너무나 잘 깨우쳤다."[9] 그나마 1세대는 노동(시간) "자체에 반해" 저항했으나, (저항과 패배를 거듭하면서 트라우마와 두려움에 사로잡힌 채) 갈수록 노동(규율)을 내면화한 나머지 드디어 노동시간에 "관해"(시간을 줄이거나 임금을 높이기 위해) 싸우게 됐다는 이야기다.[10] 요컨대 이제 자본의 지배력이 깊이 뿌리내린 상태에서, 즉 자본 종속 노동을 당연시한 상태에서 단지 그 조건만 둘러싸고 투쟁하게 됐다는 통찰이다. 그 뒤 50년이 지난 지금에도, 아니 오히려 오늘날 한국이야말로 이 지적이 잘 맞는다. 톰슨에 이어 한 걸음 더 나아가 이렇게 볼 수 있다. 즉 4세대 노동자 다수는 임금이 줄어들까 봐 노동시간 단축을 두려워하고 되레 더 많은 노동(시간)을 요구할 정도가 되고 말았다. 인간다운 삶을 위해 자본을 넘어설 생각은커녕, 일과 삶의 균형을 위한 노동시간 단축조차 포기하고 더 많은 노동(시간, 일거리, 정규직)을 원하는 게 오늘날 상당수 노동자의 욕망이다. 자본은 바로 이 욕망과 정서를 맘껏 활용, 이윤을 얻는다.

사회화 과정과 경쟁의 내면화

트라우마, 그리고 두려움은 늘 같이 붙어 다닌다. 마치 트라우마에 시달리는 베트남전 참전 군인이 맞은편에서 누군가 지팡이를 들고 걸어오는 것을 보고 속으로 '혹시 저 사람이 나에게 총을 쏘려고 하는 게 아닌가?' 하고 놀라듯 말이다. 생존에의 두려움이 늘 내면을 짓누른다.

그런데 우리는 대체로 경쟁과 이윤을 토대로 하는 자본주의 시스템 속에 살고 있다. 조금만 한눈팔면 뒤처지고 실패나 실수는 탈락과 배제로 이어질 것이라는 두려움을 느낀다. 따라서 생존과 인정, 출세와 성공 등에 대한 근심, 걱정, 불안, 두려움이 우리의 일상이 되었다. 앞서도 본 바, 어찌할 수 없는 막강한 힘 앞에 우리는 일종의 생존전략으로 '강자 동일시'를 하는 경향이 있다. 그런데 이것은 주로 1세대 사람들 당사자의 이야기이고, 그 2세대는 부모와 학교, 직장을 통한 사회화 과정에서 '세뇌'를 당하듯 학습하고 체험한다.

드라마 〈SKY 캐슬〉에는 자녀를 최고의 대학, 그것도 의대에 보내려는 욕망에 사로잡힌 부모들이 나온다. 학교는 통상적으로 부모의 욕망과 비슷한 욕망을 가진다. '명문학교'라는 명예가 밥 먹여 주기 때문이다. 그런 부모와 학교를 연결해 주는 억대 연봉의 코디(과외선생)까지 등장한다. 부모들은 자녀의 성적표와 진학 결과로 자기 인생의 성패를 판단한다. 학교와 교사는 그 정도는 아니지만 『데미안』에 나오는 '껍질 깨기'를 미처 하지 못한 교사들은 학생들이나 자기 집 자녀까지 닦달하기 일쑤다. 아이들 입장에서 보면 성장하는 순서대로 가정에선 부모 트라우마를, 학교에선 시험 트라우마와 왕따 트라우마를,[11] 그리고 힘겹게 직장에 가더라도 노동 트라우마[12]를 겪는다.

나의 경우, 중학교 1학년 시절 "이게 모두 다 너희 장래를 위해서야"라고 말하며 야구 방망이 찜질을 하던 선생님이 있었다. 달마다 치르는 월례고사에서 전달에 비해 떨어진 등수만큼 야구 방망이로 허벅지를 때리는 것이었다. 내 기억에 전교 7등을 했다가 전교 30등으로 떨어졌을 때였다. 무려 23대의 몽둥이 찜질을 받는데, 허벅지

도 허벅지지만 눈에서 밤송이 같은 눈물이 펑펑 쏟아졌다. 선생님
은 말로는 "너희 장래를 위해"라고 했지만, 실제로는 마치 군대에서
적군 포로를 고문하듯 그렇게 팼다. 아마 지금 같으면 '학교 폭력'으
로 고소, 고발이 난무했을 것이다. 물론 그 선생님의 마음이야 잘 안
다. "너희 장래를 위해"란 말도 거짓말은 아니다. 그러나 제자 사랑
의 방법이 꼭 그렇게 폭력적이어야 했을까? 시대가 바뀐 지금은 그래
봤자 전교 석차를 올리는 효과는커녕 학폭으로 파면을 당하고 말 것
이다.[13]

그런데 정말 신기한 일이 벌어졌다. 그 '매질 효과' 덕인지 나는 주
먹을 불끈 쥐고 눈에 불을 켠 채 공부를 했고, 그 다음엔 전교 3등으
로 올라섰다. 그리고 그 다음 달엔 마침내 1등에 올랐다. 부모님과 형
님들이 기뻐했다. 나도 당연히 기뻤다. 사실 1974년 봄, 이른바 '뺑뺑
이'로 그 중학교에 처음 가게 되었을 때 어머니는 "걸어 다닐 수 있는
가까운 학교는 놔두고 왜 차비 드는 그 먼 학교까지 가야 하나?"라며
"그냥 학교 가지 마라" 그랬던 터였다. 그렇게 '매질 효과'(즉 사랑이라는
이름의 폭력! 그리고 그걸 믿은 결과로서의 복종!)로 나는 1등에 올랐고, 그 이후
로 중3 졸업 때까지 거의 1등을 놓친 적이 없었다. 그러나 나는 늘 불
안했고 두려웠다. 1등이라는 자리는 더 이상 올라갈 곳은 없고 내려
갈 곳만 있는 자리이기 때문이다. 더 중요한 점은 그러는 사이에 나
스스로 '경쟁을 내면화'한 것. 당시 나는 이런 생각을 많이 했다. '시
험이란 참 좋은 것이다. 시험 결과를 통해 내 가치가 표현되는 것 같
다. 선생님과 부모님으로부터 내 존재를 인정받으니까.' 어떤 경우엔

이런 '지나친' 생각도 했다. '왜 선생님은 시험 문제를 이렇게 쉽게 내지? 지금까지 내가 공부한 게 별로 표도 안 나게.' 경쟁을 내면화한 자의 심리 구조다. 그러나 알고 보면 그런 사람일수록 마음의 상처가 크다. 바로 나 자신이 그랬다. 적어도 대학 입학 뒤 '껍질 깨기'를 하기 전까지는 그랬다.

그런데 유사한 경험이 또다시 고교 1학년 시절에 있었다. '좋은' 고등학교에 진학했다고 자부심을 느끼던 어느 늦은 봄, 무섭게 생긴 3학년 형들이 1학년 교실을 다 돌며 '군기'를 잡았다. 아무도 저항하지 못했고 '쥐 죽은 듯'했다. 교실에서 떠들거나 뛰어다니지 말며 늘 교복을 단정히 입고 2, 3학년 선배들에게 깍듯이 군대식 '경례'를 해야 한다는 것이었다. 군인처럼 "필승"을 외치며 경례를 해야 했다. 모두 얼어붙었다. '걸리면' 죽을 것 같았다. 선배 무서운 줄 제대로 알게 되었다. 그러고 나서 몇 주나 지났을까? 더 큰일이 벌어졌다. 3학년들이 1학년 전체를 대강당에 집합시킨 것. '군기잡기'였다. 이제는 말이 아니라 몽둥이였다. 지난번에 경고를 했는데도 전혀 나아진 게 없고 갈수록 엉망이 된다는 것이었다. 그래서 3학년 학생장이 일장 연설을 한 뒤 각 열마다 몽둥이 찜질이 이어졌다. '맞아야 정신을 차린다'는 게 그 논리였다. 나는 맞으면서도 왜 우리가 맞아야 하는지, 특히 뭔가 잘못한 친구가 있으면 그 녀석만 바로잡으면 되지, 왜 1학년 전체가 맞아야 하는지 몰랐다. 억울했다. 정확히 기억은 안 나지만 3학년은 '기합'을 주면서 뭔가 룰을 정했다. 만일 누군가 하나라도 룰을 어기면 또다시 1학년 전체가 기합을 받았다. 지금 다시 생각해 보면, 세세한 룰은 아무 의미가 없었다. 중요한 것은 3학년이 1학년 전체의 군기를 잡는 것, 즉 1학년이 선배를 보면 무조건 복종하게 만드는 것이었다. 더 중요한 점은 이런 집단 폭력이 학교 선생님들의 묵인 아래 이뤄진 것이다. 왜? 그래야 전체 아이들이 군기가 잡히기 때문이다. 소위 '명문'(대학입시 경쟁에서 우수한 성적을 내는 학교)을 만들기 위하여! 요컨대 '선착순 달리기' 게임이 경쟁을 통해 지배를 확보하는 것이라면, '집단 기합' 게임은 지배를 통해 경쟁력을 확보하려는 것이다. 결은 좀 다르지만 둘 다 경쟁과 지배가 동전의 양면임을 증명한다.[14]

〈SKY 캐슬〉 속
부모와
자녀 교육

독일의 문호 괴테는 『빌헬름 마이스터의 수업시대』에서 인간답게 사는 것을 이렇게 말했다. 매일 좋은 음악을 듣고 좋은 시 한 편을 읽으며, 훌륭한 그림 하나를 보는 것. 게다가 가능하면 '이치에 맞는 말 몇 마디'로 충분하다.[15] 사실 잘 산다는 게 별건가?

그런데 21세기의 우리는 '말도 안 되는 소리'를 갈수록 많이 경험한다. '내 땅에 아파트 짓겠다는데 당신이 뭐냐'며 주변의 문제제기를 묵살하고, '유치원이나 어린이집은 사유재산이니 국가가 사용료를 내라'는 시장 논리도 위풍당당 활보한다. 일하는 사람들의 고통과 권리에 귀를 기울이라는 민주노총에 '법치나 경제를 망치는 암적 존재'란 낙인이 떨어진다. 내가 보기에, 사람과 자연을 무참히 파괴하는 돈벌이 중독 경제야말로 암적 존재다.

이치에 맞는 말을 하며 살기 위해서라도 제대로 배워야 한다. 교육이 중요한 까닭이다. 숙명여고 시험지 유출 및 성적 조작 충격이 엊그제 같은데 그 비슷한 내용을 다루는 드라마 〈SKY 캐슬〉이 관심을 끈다. 이치에 맞는 말도 있지만, 인간됨을 부정하는 말도 많다.

일례로 공부하기 싫어하는 아이를 닦달하여 반드시 SKY 의대에 넣고 싶은 엄마가 있다. 아이는 엄마가 밉지만 자식으로서 거부하기 힘들다. 번뇌하는 아이에게 고액 과외 선생이 말한다. "엄마에게 제대로 복수하려면 이를 악물고 SKY 의대에 합격해라. 그 합격증을 엄마에게 선사한 뒤 엄마가 기뻐하는 그 순간에 엄마를 버려라. 상대가 웃는 바로 그때 큰 절망을 안기는 것이 최고의 복수다." 복수와 증오를 학습 동기로 삼다니, 사람 사는 이치가 아니다. 이렇게 요즘 신세대에겐 사랑이라는 이름의 폭력이 잘 먹히지 않는다. 오히려 강제된 복종에 대한 복수심과 증오심만 조장할 뿐!

일류대 강박증에 빠져 헤어날 줄 모르는 부모를 용감하게 골려 주는 '가짜' 하버드대생도 있다. '가짜'임이 밝혀지자 부모, 특히 평생 승승장구한 아빠는 멘탈 붕괴지만, 정작 본인은 당당하다. "남들이 알

아주는 게 뭐가 중요해? 내가 행복하면 그만이지." "엄마아빠는 날 사랑한 게 아니라 하버드생 ○○○를 사랑한 거겠지." 아마 괴테가 말한, 이치에 맞는 말 몇 마디란 바로 이런 것일 게다.

세상은 피라미드처럼 생겼기에 한사코 높은 곳으로 올라야 잘 살 수 있다고 소리치던 부모에게 아이가 말한다. "세상이 왜 피라미드야? 지구는 둥근데 왜 피라미드냐고!" 또 친구가 누명을 쓰고 감옥에 있는데, "이 기회를 틈타 내신 성적을 올려라" 말(?)하는 부모에게 아이가 대답한다. "○○는 내 친구라고요, 내 친구! 친구가 억울하게 잡혔는데 지금 내신등급 올라가게 공부만 하라고요?" 이런 심성이 사람 사는 이치다. 부모의 권위로 아무리 눌러도 아이들 마음속에는 인간성이 꿈틀대는 법!

기성세대라고 말도 안 되는 소리만 하는 건 아니다. "사막에서 사람이 쓰러지는 건 갈증이나 더위 때문이 아니라 조바심 때문이래요." "경쟁은 자기 자신하고 하는 거지. 남과의 경쟁은 사람을 외롭게 만들거든. 외롭지 않은 인생을 사는 게 성공이야." 맞는 말이다.

어른이건 아이건, 이치에 맞는 말과 아닌 말 모두 한다. 핵심은 인간(생명)의 가치를 저버리고 경쟁(자본)의 가치에 심신을 내맡기느냐 여부다. 경쟁의 가치란 곧 상품의 가치, 화폐의 가치다. 물론 〈SKY 캐슬〉은 이런 말을 직접 하진 않지만 이게 사태의 본질이다.

아들과 며느리에게 의사나 SKY를 강요하는 어머니도, 그 부모 말에 순종하며 최고가 되고자 애쓰는 자녀도, 실은 그 내면에 거듭 상처(트라우마)가 쌓인 존재들이다. 이들이 그 상처를 딛고 건강하게 일어서지 못하면 피해의식의 포로가 된다. 이들은 한편으로는 두려움에 다른 편으로는 열등감에 시달리며, 생존전략으로 '강자 동일시' 심리를 내면화한다. 희생자가 가해자로 둔갑하는 원리다. 그래서 서울 대치동의 초등학생들은 고교 『수학의 정석』을 배우고, 과학고를 지망하는 중학생들은 『대학 기초화학』을 미리 배운다고도 한다.

그런데 2018년에 나온 '서울대 학생복지 보고서'에 따르면, '목숨 걸고' 들어간 서울대에서 그 재학생들은 2명 중 1명꼴로 우울증을 겪는다. 일반적으로 'SKY'에 다니는 학생들은 진정 행복하거나 눈에 빛이 날 듯하다. 그러나 이 보고서는 일반적인 기대를 배반한다. 자기 삶의 주인이 아니면 결국 병든다! 〈SKY 캐슬〉이 말하는 것이다. 실은 부모와 아이들이 '목숨'을 걸 때부터 불행은 예고된다. 왜냐하면 정작 걸어야 하는 것은 목숨이 아니라 자기만의 꿈이기 때문이다.

다만 그 꿈이 나 혼자 출세하기, 부자 되기가 아니라 공생, 공감, 공존의 원리를 담아낼 때 자신과 사회의 행복에 기여한다. 〈녹색평론〉의 김종철 선생은 『발언 II』에서 "이른바 잘난 사람, 출세하고 성공한 사람들, 권력자들일수록 타인의 고통과 불운에 대한 무관심 내지 둔감성이 유별나다"고 했다. 자신의 고통조차 억압해 온 탓이다. 피라미드 질서를 당연시한 채 앞만 보고 달릴 때 우리 스스로 얼마나 인간적 퇴행을 하는지 〈SKY 캐슬〉은 고발한다. "병원장이 아니라 그냥 어머니 아들로 충분하지 않은가요?"라는 중년 의사의 고백은, 사실상 자기 해방 선언이다. 한 번뿐인 인생, 스스로 만든 감옥을 탈출해

자유를 향유하라. '캐슬'에 안 살아도, 외롭지 않게 사는 게 인생 성공
이니까.

유럽 학교와
한국 학교

어떤 한국인 부모가 회
사 일 때문에 독일에서 1년 이상 살아야 하기에 초등학생 아이를 데
리고 갔다. 엄마는 아이가 독일 학교에서 잘 생활할지, 공부는 어떻
게 할지 노심초사했다. 하루하루의 학교생활이 궁금했기에 아이와
많은 소통을 했다. 아이는 독일말도 빠른 속도로 배워 나갔고 친구도
잘 사귀는 편이라 부모는 내심 안도의 한숨을 쉬었다. 그런데 두세
달이 지났는데도 아이가 시험을 본다는 이야기를 하지 않았다. 혹시
나 아이가 시험을 망쳐서 아무 말 않은 게 아닐까? 엄마가 하도 궁금
해서 학교를 찾았다. 담임선생님에게 물었다.

"선생님, 혹시 우리 아이가 시험을 언제 보게 되나요?"

이에 독일 교사가 말했다.

"독일 학교는 시험 보는 날짜를 미리 알려 주지 않습니다. 미리 알
려 주면 아이들이 집에 가도 시험 때문에 맘껏 놀 수가 없거든요."

그렇게 공부하고 그렇게 놀아도 얼마든지 잘 산다. 아니, 그렇게

해야 좀 사람답게 산다.

이와 비슷한 이야기가 또 하나 있다. 자녀가 프랑스 학교를 다니게 된 한국 부모 이야기다. 어느 날 아이가 성적표를 들고 집에 왔는데 너무나 실망이었다. 평소에 아이가 쪽지 시험 등 거의 모든 시험을 잘 보았다고 해서 엄마가 안심했는데, 막상 성적표를 받고 보니 엉망이었던 것이다. 엄마가 한숨만 쉬다가 할 수 없이 학교를 찾았다. 역시 담임선생님을 만나 물었다.

"선생님, 우리 아이가 분명히 평소에 시험 때마다 다 잘 보았다고 했는데, 왜 성적표가 이렇게 나왔을까요?"

선생님은 고개를 끄덕여 가며 엄마의 이야기를 끝까지 듣더니, 빙그레 웃으며 말했다.

"아, 우리 학교에서는 단지 시험 성적만이 아니라 평소 아이가 수업 시간에 얼마나 참여하는지, 어떤 질문을 하는지, 다른 아이랑 얼마나 소통이나 토론을 잘 하는지, 이런 것들을 평가하거든요. 그런데 당신 아이는 시험만 잘 쳤지, 수업 시간에 거의 참여를 하지 않았어요." 한국 엄마는 쥐구멍이라도 있다면 숨어들고 싶었다.

이 두 이야기의 공통점은 두 가지다. 첫째는, 한국 학교에서 공부하는 것과 유럽 학교에서 공부하는 것은 정말 차이가 크다는 점. 마이클 무어 감독의 〈다음 침공은 어디?〉라는 영화에도 나오듯, 유럽의 선생님들은 (교장조차) "아이들이 집에 돌아가서 수학 문제 하나 더 푸는 것보다 친구들과 마음껏 뛰어노는 것, 그리고 마음이 정말 행복한 것"을 중시한다. 둘째는, 한국에서 자녀 교육은 거의 엄마의 책임이란 점이다. 그런데 독일에서도 프랑스에서도 엄마가 '독박 교육'을 한다. 아빠는 오로지 돈만 벌어 준다. 물론 시간 날 때마다 아이와 놀아 주고 외식을 시켜 주며 여행을 가기도 하지만, 학교생활이나 배움의 과정, 성적표, 이런 것들은 죄다 엄마의 몫이다. 이게 단지 성별 분업만의 문제일까? 아니면 아빠들이 '노동과 화폐에 지배당하는 시간'이 너무 많아서일까?[16] 만일 그렇다면 한국의 아빠들은 '노동을 중심으로 삶을 기획하는 방식'을 근본적으로 바꿔야 하지 않을까?[17]

나부터 실천

1. 나는 과연 〈SKY 캐슬〉의 부모들과 어떻게 다른지 성찰해 보기
2. 나는 과연 누구랑, 또는 무엇이랑 '강자 동일시'를 하며 사는지 성찰해 보기
3. 학교 다니는 자녀가 있는 경우, 아이랑 학교생활과 그 고충에 대해 진솔하게 대화하기
4. 내 안의 두려움을 느껴 보면서 그 정체나 뿌리가 무엇인지 이웃들과 이야기 나누기
5. 경쟁의 내면화가 문제라면 도대체 경쟁 문제를 어떻게 극복할지 이웃과 토론하기

7. ——

1 B. Roehner, Relations between US forces and the population of South Korea, UPMC Working Report, University of Paris 6, Paris, 2014; R. D. Robinson, Korea-Betrayal of a Nation. Unpublished manuscript, 1947.

2 이 '강자 동일시' 심리 구조는 다음 현상들을 설명하는 데 유용하다: ① 빈곤층이 부자 정당에 투표하는 현상, ② 피억압자가 억압자를 숭배하는 현상, ③ '20 대 80 사회'에서 80%가 20%에 지배당하는 현상, ④ 노동자나 농민이 진보 정당을 외면하는 현상, ⑤ 하층민이 권위주의 국가에 더 충성하는 현상, ⑥ 언론이 권위적 검찰로부터 받아쓰기를 하는 현상, ⑦ 강자에게 복종적인 자가 주변 동료나 약자를 지배, 비방, 혐오, 따돌림으로써 자존감을 확인하는 현상, ⑧ 단체기합을 받을 때, 기합을 주는 자보다 (억지 같은) 기합의 룰을 어긴 친구를 더 미워하는 현상, ⑨ 정규직 노동자가 자본가에게는 감사하고 정규직화를 요구하는 비정규직은 증오하는 현상 등. (3부 '경쟁 지상주의의 함정' 참조.)

3 S. Ferenczi, Confusion of tongues between adults and the child, *International Journal of Psycho-Analysis*, 30, 1949, pp. 225~230; S. Ferenczi(Original), The Passions of Adults and their Influence on the Sexual and Character Development of Children, *Internationale Zeitschrift für Psycho-analyse*, 19, 1933, pp. 5~15.

4 V. W. Turner, *The forest of symbols: Aspects of Ndembu ritual*, Ithaca: Cornell University Press, 1967.

5   아르노 그륀, 『복종에 반대한다』, 김현정 역, 더숲, 2018, 26쪽; cf. W.
      V. Silverberg, The schizoid maneuver, *Psychiatry*, 10(4), 1947, pp.
      383~393.

6   H. 하이데, 『노동사회에서 벗어나기』, 강수돌 역, 박종철출판사, 2000;
      강수돌·H. 하이데, 『자본을 넘어, 노동을 넘어』, 이후, 2009; 강수
      돌·H. 하이데, 『중독의 시대』, 개마고원, 2018 참조.

7   한나 아렌트는 『예루살렘의 아이히만』에서 "악의 평범성"을 말하는데,
      이 역시 '강자 동일시'의 결과다. 아이히만은 나치라는 강자와 동일시
      하고 순응했기에 자신의 반인륜적 행위에 대한 책임감이 전혀 없었다.
      달리 말해 무책임성, 무관심, 공감 부족 등이 얼마든지 '악행'을 가능케
      한다.

8   그러던 와중에 10·26 사건이 터졌다. 박정희가 당시 중앙정보부장 김
      재규의 총탄에 살해된 사건이다.

9   E. P. Thompson, Time, work-discipline, and industrial capitalism, *Past
      & present*, 38(1), 1967, p. 86.

10   E. P. Thompson, Time, work-discipline, and industrial capitalism, *Past
      & present*, 38(1), 1967, p. 85.

11   프랑스의 프랑수아 줄리앙 교수는 한국 사회에 혐오가 만연한 까닭을
      자기 정체성 부재에서 찾는다. 자신을 제대로 찾은 자가 타자 역시 존
      중하고 공존할 수 있기 때문이다(강윤주, "한국사회 혐오 만연, 사람들이 '나'
      를 찾지 못했다는 뜻", 〈한국일보〉, 2019. 5. 27.). 그런데 이 정체성 부재는 어
      디서 오는가? 나는 그것이 유아기부터 누적된 '강자 동일시'에서 온다고
      본다. 이 강자 동일시 과정에서 승자로 보이는 개인이나 시스템을 내면
      화하면서 정작 자신의 역사, 기억, 느낌, 감정, 소망을 지워 버리기 때
      문. 물론 이 강자 동일시의 근본 원인은 불가항력적 폭력의 경험과 죽

음·배제의 공포다.

12   이와 관련, 류은숙·서선영·이종희, 『일터괴롭힘, 사냥감이 된 사람들』, 코난북스, 2016 참조.

13   그런데 이는 독일 나치 교육방식과 매우 닮아 있다. 나치는 자기들의 지배력을 유지하기 위해 부모-자녀 관계에서 아이의 '미성숙한' 의지를 조기에 꺾어 복종심을 기르게 해야 한다고 보았다. 이렇게 되면 아이는 자신의 소망, 욕구, 감정, 느낌에서 소외된다. 이와 관련, 아르노 그륀, 『복종에 반대한다』, 김현정 역, 더숲, 2018, 39~40쪽; cf. S. Chamberlain, Adolf Hitler, die deutsche Mutter und ihr erstes Kind, Über zwei NS-Erziehungsbücher, 3, 1997. 또한 김누리, 『우리의 불행은 당연하지 않습니다』, 해냄, 2020 참조.

14   비슷한 일이 군대에서도 이어진다. 고참이 신참을 확실히 '잡아야' 자기가 편해지기 때문인데, 이것이 대물림되면서 온 군대에 '강자 동일시'가 만연해진다. 전형적인 계급사회는 이렇게 만들어진다. 그렇게 만들어진 '인적자원'을 나중에 자본이 유용하게 써먹는다.

15   김종철, 『발언』(I, II), 녹색평론사, 2016.

16   고미숙, 『읽고 쓴다는 것, 그 거룩함과 통쾌함에 대하여』, 북드라망, 2019, 174쪽.

17   고미숙, 『읽고 쓴다는 것, 그 거룩함과 통쾌함에 대하여』, 북드라망, 2019, 172쪽.

8부

스페인 사이클 대회의
두 선수와
경쟁의 지양

서로가 서로에게
힘이 되는 세상,
상부상조하는 세상이
곧 평화요 생명이다.

나바로와
에스테반
이야기

2015년 12월이었다. 스페인 칸타브리아에서 사이클 대회가 열렸다. 37세의 아구스틴 나바로와 32세의 이스마엘 에스테반은 각기 4, 3위로 달리고 있었다. 그 뒤의 5위와는 격차가 매우 컸다. 그런데 마지막 결승점을 300미터 앞두고 4위의 나바로는 3위의 에스테반을 만났다. 왜? 3위로 가던 에스테반의 자전거 바퀴에 구멍이 나 버렸기 때문이었다. 에스테반은 눈앞이 캄캄해졌으나 결코 포기하지 않고 자전거를 어깨에 짊어진 채 결승선을 향해 뛰어가던 중이었다. 바로 그 장면을 본 나바로는 분명 에스테반을 추월할 수 있었음에도 남다른 선택을 했다. 자전거에서 내리지는 않았지만, 자전거를 짊어지고 가던 에스테반 바로 뒤에서 천천히 달렸던 것이다. 결국 에스테반은 처음처럼 3위로 골인, 동메달을 받았다. 그는 경기가 끝난 뒤 메달을 벗어 나바로에게 선물하며 이렇게 말했다.

"사실 이 메달은 자네 것이야. 그러니 자네가 받아야 마땅하지."

이에 나바로가 머리를 좌우로 흔들며 말했다.

"자전거에 문제가 생겨 그렇지, 그 일만 아니었다면 당연히 자네가 3위였을 걸세."

나중에 나바로는 현지 언론과의 한 인터뷰에서 "장비에 문제가 생긴 동료를 앞지르는 행위로 이기고 싶진 않았다. 결승선을 코앞에 두고 끝까지 포기하지 않은 동료를 앞지르는 것은 비신사적 행위라 생각했다"고 말했다. 영화 〈두 교황〉에서 프란치스코 교황이 베네딕도 교황에게 "진실은 중요하지만, 사랑이 없는 진실은 견딜 수 없다"고 한 말과도 통한다. 이를 더 연장하면, 경쟁은 중요하지만, 사랑이 없는 경쟁은 지독한 소외를 부른다는 말이 아닐까.

가끔 이런 식으로 아름다운 스포츠 정신을 보여 주는 이야기가 소개된다. 그런데 '가끔'이라는 게 좀 걸린다. 대부분은 앞뒤를 가리지 않고 금, 은, 동메달을 따려 하기 때문이다. 오죽하면 '팔꿈치 사회'라는 말이 1982년 독일에서 '올해의 단어'로 뽑혔을까?[1] 그 정도로 한국만이 아니라 온 세상이 '무조건 경쟁에서 이겨야 한다'는 무의식에 지배당하고 있다. 심지어 세계의 평화와 친선을 도모한다는 올림픽 경기에서도 각종 약물 남용이나 반칙이 난무하지 않던가.

나바로와 에스테반의 감동적이긴 하지만 예외적인 이야기를 굳이 여기서 하는 까닭은, 아무리 온 세상이 경쟁에 미쳐 돌아간다 해도 여전히 우리의 가슴 깊은 곳에는 양심(良心)이 살아 있고, 바로 이 살아 있는 양심이야말로 경쟁으로 뒤틀린 세상을 바로잡을 수 있는 최후의 보루기 때문이다. 물론 이 개별적 양심만으로는 안 된다. 그런 양심에 기초한 제도나 시스템, 즉 사회구조가 건강하게 구축되어야 한다. 달리 말해 양심을 속이지 않고 정직하게 살아갈 때 '손해 보는' 기분이나 '억울한' 마음이 들지 않고 오히려 자부심과 보람을 느낄 수 있는 그런 사회 시스템이 필요한 것이다.

초등 교과서 속의
말 두 마리
이야기

가물가물 내 기억에 남아 있는 또 다른 이야기가 있다. 약 50년 전 국민학교의 한 교과서에 두 마리의 말 그림이 있었다. 그 내용은 이런 것이었다. 첫 번째 그림에서는 두 마리 말이 느슨한 끈으로 엮인 상태에서 각자 반대 방향으로 힘을 쓴다. 왼편과 오른편에 놓인 먹이를 따로 먹기 위해서다. 말 두 마리가 힘이 비슷하기에, 각자 아무리 용을 써도 먹이통에 닿을 수가 없다. 이런 식으로 했다간 두 마리 다 굶어 죽게 생겼다. 그래서 두 마리가 머리를 맞대고 뭔가 의논을 하는 듯하다. 곧이어 나온 다른 그림에서는 말 두 마리가 동시에 왼편 먹이부터 같이 먹는다. 그리고 그다음 오른편 먹이를 사이좋게 먹는다. 둘 다 배도 부르고 기분도 좋아진다.

아마도 당시의 교과서는 우리들에게 이런 교훈을 주려 했을 것이다. 서로 많이 먹으려고 갈라져 싸우지 말고 사이좋게 협동하면 둘 다 좋은 일! 이 이야기의 출처가 어딘지는 불명확하지만 아마도 이솝 우화 중 하나가 아닌가 싶다. 중요한 건 출처가 아니라 교훈인데, 경쟁하지 말고 협동하라는 가르침은 지금의 아이들이나 어른들에게도 중요한 이야기다.

그런데 신기하게도 요즘 아이들 교과서엔 이런 이야기가 아예 나오지 않는다. 이상하지 않은가? 왜 그런가? 내 생각엔 우리 사회가 경쟁을 너무나 많이 내면화한 나머지, 경쟁이 아닌 협동을 강조하는 아이디어가 왠지 촌스럽거나 시대착오처럼 보여서가 아닌가 한다. 달리 말해 경쟁을 강조해도 모자랄 판에 무슨 협동이냐? 협동이 밥 먹여 주냐? 이런 식이지 않을까? 하기야, 오죽하면 어느 고등학교 급훈에 '네가 잠든 사이에 친구의 책장 넘기는 소리가 들리지 않는가?'라든지 '어느 대학을 가는가가 결혼 상대의 수준을 결정한다' 식의 문구가 등장했을까?

비슷한 이야기가 또 있다. 여기 천국의 식당과 지옥의 식당이 있다. 둘 다 자장면을 파는데, 식당마다 젓가락이 약 1미터 정도로 길다. 먼저 지옥의 식당에 가 보자. 두 사람이 각자 1미터 길이나 되는 젓가락으로 자장면을 자기 입에 넣고자 하니 잘 안 된다. 얼굴에 떡칠을 하면서도 입에는 넣지 못한다. 시간만 흐르고 배는 고프다. 먹을 것을 앞에 놓고도 굶주릴 판이다. 이제 천국의 식당에 가 보자. 아, 그런데 이 식당에서는 두 사람이 자장면을 먹는데, 1미터 길이의 긴 젓가락으로 서로 상대방의 입에 자장면을 넣어 주는 게 아닌가? 간단한 이치인데 하나는 천국이고 하나는 지옥이다.

물론 이런 이야기들은 실제라기보다는 우화이고 비유이다. 하지만 그 원리는 지극히 현실적이다. 서로가 서로에게 힘이 되는 세상, 상부상조하는 세상이 곧 평화요 생명이다. 그러나 자본의 돈벌이와 권력의 힘겨루기라는 뒤틀린 욕망이 시스템으로 움직이고 또 그 잘못된 강제력들이 사람의 DNA까지 변조한 결과, 오늘날 우리는 '경쟁이 현실이고 협동은 망상'에 지나지 않는다고 착각한다. 그러나 경쟁이 현실이고 협동이 망상인 세상은 '자본'의 세상이다. 반대로 '인간'의 세상이란 협동이 현실이고 경쟁이 망상, 달리 말해 협동이 천국이고 경쟁이 지옥인 곳이다.

경쟁 프레임에서 벗어날 가능성과 실마리

유치원부터 초중고를 거쳐 대학, 그리고 직장과 사회에서까지 온통 경쟁 분위기가 지배하는

데, 과연 경쟁 프레임에서 벗어난다는 게 가당키나 할까? 그렇다. 확실히 경쟁 프레임으로부터 벗어나기란 정말 어렵다. 하지만 이것만 기억하자. 인류가 늘 경쟁만 하고 살아온 것은 아니란 사실을. 즉 지금처럼 경쟁 프레임으로 살아온 것은 인류 역사 (오늘과 비슷하게 살기 시작한 신석기 시대부터 짧게 잡더라도) 1만 년 중 불과 5백 년이다. 다시 말해 자본주의 5백 년에 해당하는 5%의 역사 동안에만 경쟁적으로 살고 있는 것이지, 그 이전의 95% 역사 동안에는 인류가 '비경쟁' 프레임으로 살았다.

물론 비경쟁 프레임이라고 해서 모두 협동하며 산 것은 아니다. 노예제 사회도 있고 봉건제 사회도 있다. 이런 사회는 자본제 사회의 경쟁은 없지만, 인간의 관점에서 노예나 농노와 같은 부자유는 결코 바람직하지 않다. 반면 노예제는 거의 사라지고 봉건제는 약화 중인 상태에서 여전히 공동체로 살아가는 사회도 많다. 보다 자세히 보면, 아직도 세계 곳곳에 남아 있는 원주민 내지 선주민 부족사회, 아니면 농촌 공동체는 여전히 협동 프레임이 대세다. 동남아시아의 비교적 가난한 나라들을 방문해 보면 아직도 그런 협동사회 내지 마을 공동체가 많음을 알 수 있다. 게다가 히말라야 기슭의 부탄처럼 1인당 국민소득은 우리의 1/10밖에 되지 않을 정도로 낮지만 사람들이 느끼는 행복감은 더 높을 수 있다. 사실 우리나라도 '경제개발'(실은 자본주의 산업화) 이전엔 농촌 공동체에 두레나 품앗이 등 상부상조의 전통이 왕성하게 살아 있었고, 사람들은 마을과 이웃사촌 개념 속에 인정(人情)을 나누며 살았다. 다만, ① 경제성장이란 이름으로 행해진 자본의 전면화, 세계화와 더불어 ② 사람들이 (경제개발이건 도시개발이건) '개발'을 더 많이 원할수록, 화폐와 상품과 자본이 마을과 지역 속으로 침투하면서 기존의 마을 공동체나 이웃사촌 같은 (우애의) 인간관계는 급속도로 해체되었다.

따라서 ① 자본의 세계화 물결을 민주적으로 통제하기 위한 사회 시스템적 노력이 필요하고, 동시에 ② 사람들이 노동, 화폐, 상품 가치에 갇혀 개발 중독증에 빠지지 않도록 우애의 인간관계를 복원해야 한다. 바로 이 '이중 과제'를 온 사회가 어떻게 풀어내는가에 따라 경쟁 프레임으로부터 자유로워질지 아니면 더 많이 구속될지가 결정될 것이다.

첫째, 자본의 세계화 물결을 민주적으로 통제하는 사회 시스템은 결국 자본 프레임을 어떻게 벗어날 것인가 하는 문제와 연결된다. 그렇지 않으면 그것은 기껏해야 노동자의 경영참여 정도로만 끝날 것이기 때문이다. 이에 대해선 다음 절에서 보다 자세히 살핀다.

둘째, 사람들이 노동, 화폐, 상품 가치에 갇혀 개발 중독증에 빠지지 않도록 우애의 인간관계를 복원하는 과제 역시 만만치 않다. 고미숙 선생에 따르면, 20세기는 이분법의 지배가 대세였다면 21세기는 뒤섞임의 시대요 크로스(횡단)의 시대이기에, 우리가 제대로 살려면 '삶의 지도'를 다시 그려야 한다.[2] 구체적으로 기존의 선악 구분, 남녀노소 구분, 안팎 구분, 물질과 정신의 구분, 진보와 보수의 구분, 자본과 노동의 구분, 정규직과 비정규직의 구분, 노동과 휴식의 구분, 가정과 직장의 구분 등이 더 이상 의미가 없어진다는 것이다. 사실상 여태껏 우리 삶을 통솔해 온 프레임인 '가족-화폐-노동'의 삼각 구도 역시 해체 중이다. 이제 21세기는 뒤섞임의 시대라, 기존의 경계들이 흐려지고 무의미해진다. 기존에 우리가 갖고 있던 삶의 지도 자체가 사라져, 모두는 마치 사막에 서 있는 기분을 느끼게 된다. 디지털 시대의 미아가 된 느낌이다. 그러나 고미숙 선생은 발상의 전환을 하자고 제안한다. 이 크로스의 시대는 역설적으로 신체적 능동성과 자율성을 확장한다. 이제 우리는 사막의 한복판에서 함께 인생과 세상을 묻고 답하는 길벗들이 필요하다. 그리하여 매번 새롭게 지도를 만들고 "하늘을 응시하면서 별의 탄생과 죽음을 이야기하고, 마음의 심층을 탐구하면서 존재의 블랙홀을 탐구하고, 고립과 소유가 아닌 공감과 증여라는 근원적 본성을 일깨우는 실험"이 필요하다는 이야기! 맞는 말이다. 소유가 자유를 박탈하듯, 경쟁도 자유를 박탈한다. 진정 자유로운 사람으로 살기 위해선 소유, 경쟁, 집착, 축적으로부터 벗어나 공유, 공감, 선물, 순환의 새 시대로 나아가야 한다. 이를 위한 구체적 실천 방안으로, 동서양의 고전을 읽고 쓰는 배움의 공동체가 있다.[3] 공유, 공감, 증여, 이것이 시대정신이고 사람을 살리는 길이기 때문이다. 서울 남산 자락의 '감이당 모델'이 바로 그것. 여기서는 동서양의 고전을 읽고 쓰고 책을 냄으로써 밥벌이와 양생(건강)과 구도(진리 탐구)의 삼위일체를 추구한다.

나 역시 21세기에 들어 세종시 조치원에서 (고려대 세종캠퍼스에서 진행하는 정규 강의 외에) 행복인문학당, 세종연인모임, 녹색평론 독자모임 등 크게 3가지 배움터를 세종교육희망네트워크 회원들과 함께 운영하고 있다. 매우 소박한 수준이지만 뜻있는 시민들과 학생들이 꾸준히 참여한다. 매월 첫째 주와 둘째 주 월요일에 모이는 '행복인문학당'에서는 주로 엄마들과 그림동화책을 한두 쪽씩 나눠 읽고 떠오르는 경험이나 기억들, 현재의 삶에 대한 반추, 자신의 삶에서 고쳐 나가야 할 점, 사회적으로 풀어야 할 과제들 같은 이야기를 자유롭게 나눈다. 처음에는 사회자를 고정으로 두었지만, 이제는 매번 사회자를 바꿔 가며 하고 있다. '누구나' 사회자 경험을 할 필요가 있고, 그를 통해 나름 색다른 리더십도 체험할 수 있기 때문이다. 매월 둘째 주엔 '세종연인모임'이 있는데, 때론 '연인'에 삘을 받아 낚이는 사람도 있지만 원래 '연기 인문학 모임'의 약칭이다. 연기군이 세종시가 되면서 세종연인모임이라 부른다. 여기선 자녀 교육 관련 도서는 물론 각종 인문사회 교양 도서를 자유롭게 선정하여 함께 읽는다. 미리 읽고 온 내용 중에서 기억에 남거나 꼭 공유하고픈 내용을 먼저 말하고, 같이 생각을 나누고 싶은 주제를 제시해 다양한 의견을 나눈다. 그러다 보면 자연히 내가 할 일, 사회가 할 일, 우리가 함께 할 일 같은 것이 떠오른다. 어느 참여자는 이렇게 말했다. "유명 인사의 특강 같은 것은 좋은 이야기도 많지만 일회성으로 그냥 듣고 끝나 버리는데, 이 모임에 참여하면 누구나 마음 편하게 주인공처럼 이야기하고 또 서로 배울 수 있기에 정말 기분도 좋고 참 소중하다." 그리고 매월 마지막 주에 여는 세종시 '녹색평론 독자모임'은 격월간 교양지 〈녹색평론〉을 읽고 이야기 나누는 모임이다. 〈녹색평론〉 자체가 한국 최고 수준의 교양지이기에 참여자들이 좀 어려워하면서도 스스로 자부심도 느낀다. 사실 어려워한다는 것은 내용이 어렵다기보다 기존 우리의 가치관이나 삶의 실천과 충돌하는 지점들이 많기 때문에 마음이 무겁다는 이야기다. 그러나 6개월, 1년, 2년을 계속 같이 읽고 이야기를 나누다 보니, 좋은 세상은 저 멀리 나중에 오는 것이 아니라 매번 모임을 진행하는 바로 그 순간 그 자리가 좋은 세상임을 느끼게 된다. '나부터'와 '더불어'가 같이 있는 곳, '지금'과 '여기'가 같이 있는 곳이 바로 대안의 시공간이 아닐까?[4]

자본 프레임에서 벗어날 가능성과 실마리

경쟁에서 벗어나는 길은 결국 자본에서 벗어나는 길과 통한다. 만일 우리가 소유, 경쟁, 축적으로부터 벗어나 공유, 공감, 증여의 새 시대로 나아가기만 한다면, 또 그런 가치들이 온 사회에 널리 확산한다면 우리는 그런 가치를 반영한 새 시스템을 설계할 수 있을 것이다. 그러나 새로운 사회는 언제나 진공 속에서가 아니라 현실적 역관계 속에서 힘겹게 만들어진다. 따라서 하루아침에 이상적인 시스템을 만들어 낼 순 없다. 근본적으로 생각하되, 하나씩 만들어 가는 것이 현실과 이상을 크로스(횡단)하는 길이다.

여기서 나는 자본 프레임을 벗어나기 위한 사회적 노력이 크게 3단계로 전개될 수 있다고 본다. 사실 결코 쉽지 않다. 게다가 반드시 3단계일 필요도 없다. 그러나 우리가 진정으로 자유로운 사회를 만들려면, 그리하여 진정 자유인으로 살고자 한다면, 이 방향으로 나아가야 한다. 그 첫 단계는 자본에 대한 근본 성찰, 둘째 단계는 자본의 민주적 통제, 셋째 단계는 자본의 지양이다. 아래에서 단계별로 하나씩 살펴보자.

첫 단계: 자본에 대한 근본 성찰이다. 사실 이 책도 이 성찰을 돕고자 쓴 책이다. 왜냐? 근본 성찰이 대대적으로 일어나야지만 그 이후 더 진전된 변화가 가능하기 때문이다. 앞서도 말한 바, 자본은 경쟁과 이윤이라는 두 수레바퀴로 움직이는 시스템이다. 이 자본을 근본적으로 성찰한다는 것은 무슨 말일까?

물론 자본은 역사적으로 노예제나 봉건제의 질곡을 부수고 등장했다. 부모의 신분이나 지위와 무관하게 자녀들은 능력이나 실력에 따라 출세하고 성공할 수 있게 되었다. 거주지나 직업 선택도 자유로워졌다. 자본의 진보성이다. 나아가 자본은 고도의 생산력으로 대중 소비 시대를 열었다. 귀족이나 왕들만 쓰던 것을 이제는 대중도 쓰고 즐긴다. 그리하여 물질적 측면에서 사람들의 생활수준이 상당히 높아졌다. 자본의 성취물이다.

하지만 딱 거기까지다. 자본의 진보성과 성취물, 대단한 역사적 결실이다. 그러나 다른 각도에서 보면, 자본이 진보성을 보이면서 상당한 성취물을 결실로 안겨다 줄 수 있었던 힘도 이젠 그 수명이 다했다. 사실 자본의 황금기는 1945년부터 1975년 무렵, 즉 제2차 세계대전 후 약 30년간의 시기였다. 그 이후로는 서서히 저물고 있다. '신자유주의' 세계화가 1980년대 이후 거세게 등장한 것 자체가 이제 자본주의는 더 이상 활기찬 에너지가 없어졌음을 뜻한다. 그것마저 실은 2008년 세계금융위기로 제 수명을 다했다. 지금은 마치 식물인간이 된 존재에게 산소 호흡기를 씌워 억지로 생명 연장을 하고 있는 거나 다름없다.

과연 무엇을 보고 자본이 제 수명을 다했다고 할 수 있을까? ① 자본이 그토록 자신 있게 선전해 왔던 '중산층 확대'가 더 이상 보이지 않는다. 앞서도 보았듯 자산 양극화와 소득 양극화가 핵심이다. '20 대 80 사회'에서 '10 대 90 사회'로, 다시 '1 대 99 사회'로 나아가는 것, 사회경제적 불평등이 심화하는 것이 부인하기 어려운 증거다. ② 생산과 소비의 선순환이 되지 않고 있다. 자본에게 이상적인 메커니즘은 노동자들이 열심히 노동해서 만드는 상품을 바로 그 노동자들이 구매하고 소비하는 것이다. 이렇게 생산과 소비가 잘 맞물려 돌아가야 노동자도 큰 무리 없이 살고 자본도 별 탈 없이 이윤벌이와 축적이 가능하다. 그런데 이제는 이런 선순환의 고리가 무너졌다. 정리해고와 더불어 성별, 고용형태별, 국적별 차별과 격차를 만들어 내는 노동 유연화가 그 주범이다. ③ 석유로 상징되는 화석연료의 고갈도 문제이고, 화석연료의 사용으로 인한 지구온난화 및 기후 위기가 인류의 삶 전체를 위협한다.[5] 최근 호주 산불에서 보듯, 지구온난화 및 기후 위기가 범지구적 재앙으로 다가온다. 문제는 이러한 위기의 근원에 자본주의 방식의 생산과 소비가 놓여 있다는 점이다. 마하트마 간디의 "인간의 필요를 위해선 지구 하나도 충분하지만, 인간의 탐욕을 위해선 지구가 서너 개 있어도 모자란다"는 말이 바로 이 부분을 지적한다. ④ 게다가 우리 개별적인 인간이 느끼는 삶의 질을 보라. 여기서 말하는 삶의 질이란 a) 건강과 여유의 차원, b) 평등과 존중의 차원, c) 인정스런 공동체 차원, d) 조화로운 생태계 차원으로 구성된다. 현재 우리는 몸과 마음이 건강하지도 못하고 여유도 없다. 또 인간관계에서도 차별과 무시의 분위기가 압도한다. 공동체는 해체 일로이며, 생태계는 급속도로 망가진다. 그러니 삶의 양은 증가해도 삶의 질은 폭락한다. 자본은 이윤으로 상징되는, 가치총량의 축적을 지향한다. 삶의 질을 희생시키면서 말이다. 삶의 질이 떨어지면 불행해진다. 행복하게 해 준다는 자본의 약속은 물거품이다. ⑤ 그러나 뭐니 뭐니 해도 나는 자본주의가 인간에게 해방과 자유를 안겨다 준다는 말이 갈수록 거짓말로 드러난다는 점이 결정적이라 본다. 일례로 '자동차는 공간 이동의 자유를 준다'고 하지만, (다수의 자동차로 인한 교통정체나 교통사고 문제는 차치하고라도) 자동차를 사기 위해 내 노동력을 더욱 충실히 자본에 팔아야 하는, 그리하여 자본의 지휘와 통제에 종속되어야 하는 현실을 보라. 자동차에 이어 아파트 구입, 자녀 교육비까지 생각하면 한평생 돈벌이에 종속되어 살다가 참된 자유는 비로소 하늘나라에서 누릴 수 있다. 기술은 어떤가? (자본에 의한) 과학기술 발전으로 '인류는 노동에서 해방되어 이제 여가와 놀이를 자유롭게 즐기며 이상적인 삶을 살 것'이라는 식으로 선전했지만, 과연 우리는 노동으로부터 자유로워졌는가? 모든 노동과 수고는 기계한테 맡기고, 우리 자신은 아이들과 살갑게 지내며 사랑하는 사람이나 친구들과 친밀한 관계를 나누고 삶의 기쁨을 누리며 사는가? 소위 "4차 산업혁명"의 장밋빛 전망과는 달리 오히려 우리는 차별과 배제의 두려움 속에 노동기계 및 감시기계에 더욱 종속되었다. 그리하여 끊임없이 노동을 하는 신세로, 친밀한 인간관계나 삶의 행복을 느끼기 힘들게 되었다. 기존의 친밀한 인간관계마저 계산적이거나 무미건조한 것으로 변했다. 이 무슨 역설인가?

둘째 단계: 자본의 민주적 통제다. 물론 이를 둘러싸고 근본적 논쟁이 있을 수 있다. 자본 자체가 문제인데 그를 용인한 채 민주적으로 통제한들 무슨 소용이냐? 예컨대 주민들이 주주가 되는 마을기업이나 협동조합을 보라. 결국은 상품을 생산하거나 판매하여 이윤을 남겨야 오래가는 것 아니냐? 또 재벌개혁을 통해 노동자들이 기업의 주인이 되어 경영하거나 참여한다 하더라도, 결국은 그 회사가 상품을 생산, 판매하여 이윤을 남기지 않으면 망하지 않느냐? 노동자가 경영한다고 해고가 없겠는가? 이런 반론이다. 맞다. 바로 이것이 노동자 경영참가의 한계다. 그래서 상품, 시장, 이윤 등이 범주적으로 지양되지 않으면 다시 원점 회귀한다. 여기서 범주적 지양이란 무엇인가? 상품이 범주적으로 지양된다는 것은 상품이 사회경제적으로

주된 위력을 발휘하지 않게 된다는 뜻이다. 시장이나 이윤 역시 마찬가지다. 따라서 이 문제는 다음 단계에서 다시 살펴야 한다.

여기서는 자본의 민주적 통제를 좀 더 살펴보자. 사실 이것은 단지 노동자의 경영참여나 마을기업, 협동조합 같은 것만 뜻하는 게 아니다. 어쩌면 자본의 지양을 위한 다리를 놓을 수도 있다. 일례로 오늘날 글로벌 자본주의에서는 세계자본이 어떤 나라건 쉽게 들어가고, 민간부문, 공공부문 가리지 않고 투자라는 미명 아래 사실상 지배를 행사한다. 이를 막기 위해 자본의 투자 비율을 엄격히 규제하거나 투자된 내용과 운용에 대해 민주적 통제를 실시할 수 있다. 그러면 어떤 자본이 들어가느냐고? 유럽 사회를 보라. 그런 민주적 통제에도 불구하고 온갖 자본들이 활동한다. 한편, 금융이나 부동산 위주의 투기자본에 대해서도 민주적 통제가 가능하다. 규모, 속도, 방향, 내용 등을 조절하는 것이다. 한국의 경우, 국민연금 기금은 규모가 크기에 상당수 기업들에 투자되어 있다. 국민연금이 일종의 주주(기관주)가 된 셈이다. 이를 근거로 각종 경영에 개입이 가능한데, 자본의 민주적 통제는 그보다 더 높은 차원에서 민주주의 기구들(예: 공정거래위원회와 자본통제위원회가 공조)이 능동적으로 움직이는 것이다. 개별 조직 차원에서는 이사회나 감사회에 노동자와 시민의 대표가 50% 이상 참여할 수 있을 것이다. 작업장 차원에서도 노동자들이 노동 과정상의 제반 문제에 대해 토론하고 해결의 주체로 나설 수 있다. 일상적 경영관리에서도 노동자 대표가(물론 이 대표들은 수시로 순환되어야 한다) 경영진을 구성할 수 있다. 가장 중요한 것은, 나라 전체적으로 시장, 상품,

이윤의 구조를 어떻게 통제할 것인가 하는 문제다. 이 역시 노동자 대표들과 민주주의 기구들이 주된 역할을 담당해야 한다.

이런 자본의 민주적 통제가 비교적 잘 이루어지는 곳이 독일, 프랑스, 덴마크, 노르웨이, 핀란드, 스웨덴 등으로 상징되는 중북부 유럽이다. 동일한 자본주의 안에서도 민주주의의 폭이 다를 수 있다. 그럼에도 불구하고 이 나라들 역시 자본주의 시장, 상품, 이윤의 범주를 넘지 못한다. 그래서 세계시장 상황 등에 따라 그 민주성이 얼마든지 진퇴를 거듭하게 된다. 자본의 입장에서는 그 정도라도 유지하는 것이 이익일 것이다.

한편, 자본의 민주적 통제를 다른 형태로 보여 주는 곳이 베트남이나 중국인데, 이 나라들은 겉으로는 공산주의를 내세우지만 속으로는 자본주의가 급속히 보편화하고 있다. 그런 구도 속에서 국가가 자본을 민주적으로 통제하고 있기는 한데, 얼핏 확실한 통제가 가능할 듯 보이지만 실은 대단히 취약하다. 일례로 공산당의 통제를 받는 노동조합은 개별 기업 안에서 노동자의 목소리를 제대로 대변하는 게 아니라 오히려 억제하는 역할을 하는 경우가 많다. 실제로 중국 기업인 (대만 자본으로 미국 애플이나 휴렛팩커드 등을 위해 생산하는) 폭스콘에서 노동억압과 착취가 격심한 나머지 2010년대만 해도 20명 이상이 자살로 삶을 마감했고, 2012년 1월에는 150여 명의 노동자들이 회사의 인격적 대우를 요구하며 집단 자살 통고에 나서는 등 노동자 자살 행렬[6]이 이어진 것이 생생한 증거다. 또 베트남 내 한국 기업들에서도 노동억압이 심해 간간이 노동자 저항이 일어났지만, 공산당 통제하의

노조가 친기업적 행보를 보이기도 했다.[7]

요컨대 '북구 모델'이건 '중국 모델'이건 일단 자본이 전 사회를 범주적으로 장악하기 시작하면 자본의 민주적 통제란 대단히 어려운 일임을 알 수 있다. 게다가 쿠바, 볼리비아, 베네수엘라, 브라질 등 남미 지역, 그리고 팔레스타인, 이란, 이라크 등 중동의 최근 사례에서도 볼 수 있듯이, 미국이 제국주의적 개입을 통해 자본의 민주적 통제를 전혀 허용하지 않으려 하기에 더욱 어렵다. 그럼에도 불구하고 자본의 민주적 통제는 자본이 사회 전체를 시장전체주의로 장악하려는 시도에 맞선 최소한의 방책이다. 나아가 민초들이 더욱 깨어나 연대하는 식으로 사회적 분위기와 세력관계가 변하게 되면 자본의 지양을 위한 다리 역할도 가능하다.

셋째 단계: 자본의 지양(止揚)[8]이다. 정말 어려운 일이다. 1917년의 러시아혁명과 소련 사회도, 또 그 이후의 동유럽 여러 나라들도, 중국이나 북한, 베트남 등 이른바 '현실 사회주의' 나라들도 자본의 지양 단계까지 갔다고 보기 어렵다. 오히려 1990년을 전후로 '개혁, 개방'이라는 이름 아래 '현실 사회주의'조차 다시 자본주의로 회귀하지 않았던가?

그러나 어렵다고 해서 포기한다면 우리는 영원히 자본에 갇혀 있다가, (지금도 기후 위기나 신종 코로나 바이러스 등 각종 재앙들로 상징되듯) 범지구적 공멸을 맞이하게 될지도 모른다. 따라서 더 이상 시간 여유가 없는 막다른 골목 내지 최종적 위기 순간이 닥치기 전에 출구를 찾아야 한다. 과연 출구의 방향은 어디일까? 우선 민초들이 삶을 인간적으로 영위할 수 있는 출구란 결코 '우주 호텔'[9] 같은 식(이탈, 도피, 도주)이 될 수는 없다. 소위 '슈퍼 부자'들이 천문학적 돈을 내고 지구를 떠나 우주에서 새로운 삶을 산다는 아이디어인데, 이미 많은 영화에 소개된 공상을 실현하려는 것이다. 그러나 99% 이상의 지구 시민들에게 이는 그림의 떡일 뿐 아니라, 지구를 망친 뒤 우주까지 망치려는 발상이라 결코 대안이 아니다.

그렇다고 '지금까지 별일이 없었으니 뭐, 별거 있겠어?'라는 식의 무사안일(현실 부정과 외면, 회피)로 대처할 수도 없다. 우리가 갈수록 자가당착에 빠지고 갈수록 막다른 골목길로 내닫게 된 것이 바로 이런 무관심과 무책임 때문이다.

한편, 자본에 직접 대적하여 더 많은 임금이나 휴가, 승진 기회 등을 요구하며 계속 싸운다고 해도(대결, 교섭, 협상) 이 총체적 재앙의 접근을 막을 수는 없다. 물론 현실적 생존을 위한 투쟁은 계속해야 옳다. 그러나 생존권 투쟁에만 머물면 보다 큰 차원에서의 인류 생존이나 진정 자유로운 삶과는 거리가 멀어질 수 있다.

그렇다면 가장 어려우면서도 가장 '현실적–이상적' 대안은 지금의 경쟁과 이윤의 자본 시스템을 완전히 다른 원리 위로 바꿔 내는 것이다. 그것은 연대와 선물의 생명 시스템을 만드는 것이다. 또 일상적인 차원에서는 자율적이고 자치적인 생태 공동체를 만드는 것이다. 바로 이것이 자본을 범주적으로 지양한다는 뜻이다. 그런 세상에서는 노동, 화폐, 상품, 시장, 이윤과 같이 자본이 추구하는 경제가치(교환가치 내지 가치)가 더 이상 효력을 발휘하지 못한다. 이제 사람과 사람이 더불어 살려는 인간가치 내지 사회가치, 나아가 사람과 자연이 더불어 산다는 생명가치, 생태가치가 기존의 경제가치보다 우위에 서야 한다. 이윤을 위한 생산이 아니라 필요를 위한 생산, 과시를 위한 소비가 아니라 만족을 위한 소비, 그러면서도 늘 이웃과 지구를 생각하는 삶의 방식, 이것이 개인적, 사회적 차원 모두에서 실현되어야 한다.

위에서 살펴본 3단계와 관련, 우리는 '가치비판 학파'의 입장을 잘 이해할 필요가 있다. 이 입장은 원래 미국의 모이쉐 포스톤이나 독일의 로버트 쿠르츠, 로즈위타 숄츠, 그리고 프랑스의 안젤름 야페 등에 의해 이론적으로 발전되었다.[10] 이들은 K. 마르크스의 『자본』(1867) 중 상품 분석을 심층 탐구하여 상품, 노동, 가치, 화폐 등의 개념을 근본적으로 비판함으로써 인간 해방의 새로운 가능성을 모색했다. 이들의 이론적 핵심을 내 나름의 시각으로 압축 요약하면 다음과 같다.

① 노동이 사회관계 속에 깃들어 있던 노예제나 농노제에서와는 달리, 자본제 사회에서는 노동이 제반 사회관계(교환관계)들을 매개한다.[11] 즉 사람들은 노동을 통해 화폐를 벌어 상품을 구입해 생활하며, 제2세대 노동력까지 길러 낸다. 이 과정에서 노동이 모든 교환관계의 매개체가 되는 셈이다.

② 자본주의 근대 노동은 구체노동(사용가치)과 추상노동(교환가치)이라는 이중성을 띠는데, 그중 추상노동이 (교환)가치의 원천이다. 따라

서 근대 노동은 가치의 양을 무한히 늘려야 하는 압박을 받기에 인간 관계 대신 사물을 신처럼 숭배하는 물신주의에 종속된다.[12]

③ 추상노동을 중심으로 생산이 조직되는 경우, 사회적 관계는 인간적 자율성이 제거된 채 소외된 방식으로 형성되고, 추상노동은 결국 가치 및 화폐로 표시된다. 이것이 추상노동의 자립화로, 이는 오로지 수량과 증대(축적)에만 관심을 가질 뿐 그 내용에는 무관심하다. 이로 인해 물질만능주의 내지 경제주의(인간 행위를 경제적 이익 차원으로 환원하며, 이를 최우선시하는 시각)가 생겨난다.

④ 개인을 포함한 인간 전반의 삶을 거의 본능적으로 이 가치 축적 메커니즘에 종속시키는 것이 상품·화폐 물신주의다. 이 속에서는 '화폐(가치)-상품(가치)-더 많은 화폐(더 많은 가치)'라는 도식이 성립한다. 그 필연적 결과가 생산력주의, 그리고 성장 중독증이다.

⑤ 이제 자본제 사회는 세상 만물을 가치 형태로 전환하려는 경향성을 띠기에 그 성격상 전체주의적이다. 이는 우리의 일상에서 질보다 양을, 내용보다 형식을, 또 인간적이고 구체적인 사고방식보다 계산적이고 추상적인 사고방식을 강요하는 경향으로 나타난다.

⑥ 추상노동 내지 가치의 전면화는 갈수록 더 많은 사람들을 '잉여' 내지 '쓰레기'로 만든다. 자본의 가치 증식에 더 이상 유용하지 않기 때문이다. 기술발전과 더불어 장기적으로 인류 대다수가 언제든 대체가능한 일회용품 내지 '잉여'로 변한다.

⑦ 가치는 비가치와 변증법적 관계에 있다. 즉 이 두 영역은 대립적 관계이면서도 상호의존적이다. 그런데 가치 영역(생산)은 (기술 경쟁

으로 말미암아 한 상품에 포함되는 가치의 양이 줄어드는 경향이 있어 이를 상쇄하기 위해) 비가치 영역(재생산)을 '내부 식민화'하는 경향이 있다(일상의 상품화, 물신주의의 전면화). 그러나 만일 비가치 영역이 완전 소멸한다면 아마 가치 영역의 자기 존립 자체가 위태로워질 것이다. 따라서 온 세상이 완전히 상품 논리(시장 논리)만으로 구성될 수는 없다는 한계가 있다. 한편, 마르셀 모스 및 칼 폴라니류의 선물 이론 내지 증여 이론은 이 비가치 영역이 가치 영역(상품 논리) 뒤에 감추어진 대안의 싹이라 간주하는데, 가치비판 학파는 총체적 사회관계의 변동 없이 그것만 따로 분리해 대안 사회를 구성할 순 없다고 본다. 특히 자본제 사회(상품 물신주의) 아래서는 비가치 영역조차 이미 가치 영역에의 종속성과 불구성을 드러내고 있고, 이 역시 물신주의 사회의 특징을 지니기에 결코 대안적이지도 않다.

⑧ 가치가 남성을 만들고, 비가치가 여성을 만드는 경향이 있다.[13] 그러나 가치비판 입장에서 보면 여성운동은 사람의 다양한 감정, 복지, 환자나 장애인 돌보기, 에로스, 섹슈얼리티, 사랑, 아이 양육, 이웃과의 친교, 환경운동 참여 등에 깃든 느낌, 감정, 태도를 더 이상 자본의 가치 증식에 이용당하지 않도록, 즉 여성 자신과 그 주변인들의 삶의 향상을 위해 쓸 필요가 있다.

⑨ 자본은 본질적으로 선물의 영역이나 무상의 영역 등 비가치 영역과는 조화와 공존이 불가능하다. 다만, 가치 증식에 도움이 되는 한에서만 이를 보조물로 필요로 하거나 아니면 상당 부분 가치 영역 안으로 포섭할 뿐이다. 그러나 이 비가치 영역의 사회적 관계가 지닌

해방적 잠재력을 올바로 실현하려면 사회 전체가 추상노동과 단호하게 '단절'해야 한다. 즉 인간의 구체적 삶의 과정들이 상품 형태 내지 가치 형태에 종속된 현실을 총체적으로 극복(가치의 범주적 단절)해야 한다. 이것이 미래 인간 해방의 핵심이다.

⑩ 이 인간 해방에는 더 이상 역사 발전의 법칙은 없고, 만일 일어난다면 그것은 아무 안전장치가 없는 상태에서 '미지의 세계'(가치법칙 내지 상품 물신주의에서 자유로워진 세계)로 '도약'하는 것과 같다. 반면, 자본주의 상품사회는 기술 경쟁이 격화하면서 그 내재적 법칙(갈수록 상품 단위당 가치량 및 가치 총량이 감소하는 경향)에 의해 위기 내지 몰락이 예고되어 있다. 그러나 자본은 결코 순순히 항복하지 않을 것이기에, 전쟁과 같은 대규모의 재앙 가능성이 있다. 인간의 참된 자유와 행복은 이 자본의 법칙을 거슬러 가야 달성된다.

간략히 요약해 본 이 가치비판 학파의 입장 속에는 자본이 이윤을 얻기 위해 경쟁하는 과정이 역설적으로 자본을 막다른 골목으로 이끈다는 통찰이 깃들어 있다. 왜냐하면 자본 간 경쟁에는 필연적으로 인사조직 혁신 및 기술혁신 경쟁이 포함되며, 이는 결국 상품생산에 들어가는 인간 노동력을 절감하는 효과를 내기 때문이다. 그 결과 단위 상품당 포함되는 인간 노동의 가치는 줄어들 수밖에 없고 따라서 자본의 가치 축적은 갈수록 한계에 봉착한다. 인간 노동에 기초한 경쟁과 이윤을 축으로 하는 자본의 시스템이 결코 지속가능하지 않은 까닭이다.

나아가 우리는 여성의 보살핌 노동으로 상징되는 재생산 노동(비가치 영역)이나 선물의 경제 등이 자본 지배하의 상품 경제와 전혀 다른 대안적 싹을 보여 준다고 생각하기 쉽지만, 위 가치비판 이론에 따르면 그것은 지극히 제한적이다. 비가치 영역 자체가 가치 영역의 보조 역할에 머물면서 이미 종속성과 불구성을 띠기 때문이다. 비가치 영역은 가치 영역으로부터 온갖 수모를 당하고 모멸을 겪으면서 봉사자 내지 하인 역할을 하고 있는 것이 현실이다. 따라서 이런 '잔여' 영역을 키우자는 식의 대안은 착각일 뿐이다.

진정한 대안은 가치 영역과 비가치 영역을 가리지 않고, 따라서 남녀노소를 가리지 않고, 현재 지배적인 상품 물신주의 사회 전체를 바꿔 내는 데 있다. 인간성 회복, 그리고 생명가치의 재발견! 이것이 곧 자본의 지양이다. 힘들지만 가야 한다. 그것이 우리 모두가 참 자유인(自由人)으로 거듭나는 길이기에.

나부터 실천

1. 별생각 없이 경쟁적으로 생각하고 행동한 나의 모습을 바꾸어 보기

2. 마음속으로는 경쟁보다 협동이 좋다고 하면서도 왜 실천이 안 되는지 말해 보기

3. 나의 일상생활에서 경쟁 프레임과 비경쟁 프레임을 구분해 찾아보기

4. 내가 사는 지역에서 연대와 우정의 작은 공동체를 만들거나 참여하기

5. 가치비판 이론의 관점에서 시장경쟁이 어떤 한계를 갖는지 말해 보기

6. 우리 일상 속에 깃든 화폐·상품 물신주의는 무엇인지 이웃들과 이야기 나눠 보기

8. ——

1   강수돌, 『팔꿈치 사회』, 갈라파고스, 2013 참조.

2   고미숙, 『읽고 쓴다는 것, 그 거룩함과 통쾌함에 대하여』, 북드라망, 2019, 158~160쪽.

3   고미숙 선생은 '수유연구실'과 '수유+너머'를 거쳐 지금은 '감이당'과 '남산강학원'에서 연령, 학력, 성별을 초월한 만남과 배움을 이어 가며 21세기형 학습 공동체를 진행하고 있다.

4   물론 이런 간헐적인 인문학 모임들은 엄격히 보면 일상생활의 주변부에 머물기에 한계가 있다. 감이당 모델처럼 일상의 중심 자체가 '밥+양생+구도'를 실천하는 것으로 재편돼야 비로소 큰 변화가 가능할 것이다. 즉 전 사회적 차원에서 교육 및 경제 시스템에 근본 변화가 와야 한다.

5   기후 위기는 식량 위기, 에너지 위기와도 맞닿아 있다. 나아가 원자력 발전 내지 핵무기 역시 인류 전체의 삶을 위협한다. 만일 생태계 위기와 전쟁 위기가 결합하면 지구와 인류가 공멸하고 말 것이다.

6   Bryan Merchant, "Life and death in Apple's forbidden city", *The Guardian*, Jun 18, 2017; 폭스콘 노동자 자살에 대한 추가 자료는, https://en.wikipedia.org/wiki/Foxconn_suicides 참조.

7   K. Ock et al., "Samsung has come under fire worldwide for its union-busting tactics", *Hankyoreh*, Jan 26, 2019 참조.

8   원래 지양(止揚, Aufhebung)이란 ① 기존의 것을 그만두기, ② 좋은 것은 이어받기, ③ 한 단계 고양하기를 모두 내포하는 과정으로, 현실의 변

화와 발전을 이해하는 데 매우 중요한 개념이다.

9　　곽노필, "고도 400km 우주호텔 건설 가시화", 〈한겨레〉, 2020. 1. 29.

10　　A. Jappe, *The Writing on the Wall: On the Decomposition of Capitalism and Its Critics*, Winchester: Zero Books, 2017 참조.

11　　M. Postone, *Time, labor, and social domination: A reinterpretation of Marx's critical theory*, Cambridge: Cambridge University Press, 1993.

12　　A. Jappe, *The Writing on the Wall: On the Decomposition of Capitalism and Its Critics*, Winchester: Zero Books, 2017.

13　　R. Scholz, *Das geschlecht des kapitalismus: Feministische Theorien und die postmoderne Metamorphose des Patriarchats*, Bonn: Horlemann, 2000 참조.

9부

소비주체를
넘어
삶의 주체로

더 이상 인격체인 사람이
노동력의 상품가치로
평가받지 않는 사회가
참된 대안이다.

소비주체와
나르시시즘

"엄마!"

"왜?"

"친구들이 다 30만 원짜리 패딩을 입는데, 나도 입고 싶어."

"너, 작년에 엄마가 두텁고 보기 좋은 외투 사 줬잖아."

"그래도, 다른 애들이 모두 패딩 입으니까 나도 입고 싶단 말야."

흔히 듣는 엄마와 자녀의 대화다. 아이는 다른 애들이 다 하니까 자기만 빠지는 것도 싫고, 남들처럼 자기도 근사하게 보이고 싶다. 여기서는 옷이지만, 가방이나 신발도 마찬가지다. 그럴듯한 상표가 있다면, 또 그걸 아이돌이 TV에서 광고하기라도 하면, 너도나도 그걸 사야 원(願)이 없다. 이렇게 오늘날 우리는 소비를 통해 자아를 실현하는 느낌을 얻는다. 화폐를 주고 사는 것이 비단 상품만은 아니다. 상품과 함께 느낌도 같이 오기 때문이다.

물론 화폐가 없으면 상품도, 느낌도 얻지 못한다. 화폐를 얻으려면 노동을 해야 한다. 그 내용이 무엇이건 자본이 시키는 대로 잘 수행하면 임금, 즉 화폐를 얻는다. 이 자본 종속성이 노동자 지위를 부여한다. 그러나 자본 종속성이란 말 자체가 이미 자유인으로 살고 싶은 사람에게는 스트레스다. 스트레스는 감독관이나 상사로부터, 동료나 부하로부터, 때로는 고객으로부터도 올 수 있다. 이렇게 자본 종속적 노동이 초래하는 스트레스와 불안, 두려움을 해소하기 위해서 노동자는 곧잘 술을 즐긴다. 자기도 모르는 사이에 알코올 중독에 빠질 수 있다.

한편, 노동자의 가족들은 가정에 노동자가 부재함으로 말미암아 배우자는 배우자대로, 자녀들은 자녀들대로 격심한 스트레스를 받는다. 게다가 설사 몸은 가정에 있더라도 정서는 일에 쏠려 있는, 물리적 현존과 정서적 부재라는 상황이 다반사다. 결국 노동자는 노동자대로 나름의 스트레스가 있고, 그 가족들은 가족들대로 나름의 스트레스가 있다. 이들의 스트레스를 동시에 풀어 주는 매개가 소비다. 상품소비. 그것은 물품이나 음식일 수도 있고 영화나 뮤지컬일 수도 있으며 여행일 수도 있다. 형태가 무엇이건 상품은 상품이다. 각 상품에는 나름의 느낌과 정서도 동반된다. 상품을 마치 신처럼 섬기고 존경하는 '상품 물신주의'가 그래서 생긴다. 내가 어떤 상품을 소유하고 소비하는가가 나의 가치를 결정한다. 그 상품과 느낌, 가치를 한꺼번에 살 수 있는 수단이 곧 화폐다. 그래서 '화폐 물신주의'도 생긴다.

곰곰 생각해 보면, 지금 60대 이상의 사람들은 어릴 적에 고무신 한 켤레, 하얀 운동화 한 켤레를 참 소중하게 여겼다. 한번 사면 마치 영원히 아껴 가며 신을 것처럼 여겼다. 행여 누가 훔쳐 갈까 봐 잠잘 때 머리맡에 두고 자기도 했다. 지금의 10대 아이들에 비하면 너무나 소박하고 절약하는 모습이긴 하지만, 상품 물신주의는 지금이나 그때나 공통된다. 고무신 한 켤레가 상품 물신주의의 원조(?)라고나 할까?

중요한 건 노동, 상품, 가치, 화폐가 압도적 지위를 갖는 자본제 사회에서 인간은 상품이라는 창을 통해 세상을 본다는 점이다. 누가 어떤 상품을 소유, 소비하는가가 그 사람의 가치를 결정한다. 그런데 그 당사자는, 엄마를 졸라 대 마침내 수십만 원짜리 패딩을 입게 된 아이가 느끼는 것처럼, 상품 속에 자신을 투영한다. 마치 나와 상품이 합체된 것처럼. 상품과의 동일시! 그리하여 상품을 매개로 자아도취(나르시시즘)가 일어난다. 자신의 가치를 드높이려면 갈수록 더 비싼 상품을 구매, 소유, 소비해야 한다. 갈수록 (누가 하건) 더 많은 노동으로 더 많은 화폐를 벌어야 한다는 압력이 커진다. 부모에게 떼를 쓰던 아이가 커서 만 15세 이상이 되면, 알바를 해서라도 자기 힘으로 상품을 사려 한다. 자기 노동으로 상품을 구입하면 그 상품과 더 동일시한다. 그러나 그 만족도 일시적일 뿐이다.

이렇게 상품 물신주의가 개인 심리 속에 표현된 것이 곧 나르시시즘인데, 사실상 이는 일종의 심리적 장애를 드러낸다.[1] 왜냐하면 사람이 그 자체로 존재하기보다는 상품이라는 껍데기를 쓰고 존재하려 하기 때문이다. 이것은 1차적으로는 그 개인의 잘못이 아니라 상품 사회라는 전체 사회가 만든 결과다. 물론 2차적으로는 개인의 문제도 있다. 왜냐하면 개인 당사자가 그 상품들에 대해 굳이 그것이 자아를 표현하는 게 아니라 보기 시작하면 그만이기 때문이다. 그러나 자기 주변인들 대부분이 그렇게 산다면 그 개인조차 버티기 쉽지 않다. 그리하여 온 세계가 자신의 투영물로 보이고 특히 자기가 소유하고 소비하는 상품이 자신의 투영물로 보이는 그런 상태가 사회적으로 확산된다. 이제 나르시시즘에 빠진 인간은 온 세상을 자기 식으로 해석한다. 자아와 세상 간 참된 관계를 모르기 때문이다. 다시 말해 자아는 세상의 일부라는 영성(spirituality)이 부재한 것이다. 그리하여 상품은 나이에 관계없이 사람들을 유치한 상태에 머물도록 만들고 나르시시즘에 빠지게 하는 경향이 있다.

한편 나의 경우, 특히 시장에서 농민이 직접 들고 나온 농산물을 살 때, 즉 맛깔스런 과일이나 야채를 살 때, 그저 화폐를 주고 '간편하게' 과일이나 야채를 내 것으로 만들 수 있다는 것이 참 불경스런 일이 아닌가 하고 느낄 때가 종종 있다. 왜냐하면 그 과일이나 야채를 생산하기 위해 농민이 흘린 피, 땀, 눈물을 생각하면 내가 (물론 화폐를 지불하긴 하지만) 너무나 편히 구입, 소비한다는 것이 사실상 뺏어 오는 것 같은 느낌이 있기 때문이다. 비단 농산물만이 아니라 손으로 만든 가구나 집(수리)도 마찬가지다. 역으로, 내가 텃밭에서 직접 경작한 콩이나 배추를 누가 많은 돈을 줄 테니 팔라 하면 나는 결코 팔지 않을 것이다. 왜냐? 콩이나 배추의 시장가격이 얼마인가를 떠나 그 속에는 나의 피, 땀, 눈물, 그리고 온갖 느낌과 정서가 깃들어 있기 때문이다. 그래서 사랑하는 가족이나 친구, 이웃과 그냥 나눠 먹으면 먹었지, 이를 상품으로 달랑 돈이랑 교환하고 싶지 않은 것이다.

따지고 보면 우리 모두에겐 이 인간적 정서나 느낌이 아직은 조금씩 남아 있다. 선물을 주거나 받을 때도 우리는 단순히 시장에서 편하게 구입한 상품보다는 직접 손으로 만든 것에 더 애착을 느낀다. 사람의 마음, 정성과 애정이 깃들어 있기 때문이다. 같은 맥락으로 현금보다는 그 사람에게 정말 필요한 물품을 (구입하건 제작하건) 주는 게 진짜 선물 같다. (물론 요즘은 시대가 달라져 현찰을 더 좋아하는 경향이 있지만. 이것 역시 화폐 물신주의가 심화되었다는 증거?) 이것은 마치 경조사 때 직접 찾아가 축하하거나 같이 슬퍼하는 것이 단지 부조금만 보내는 것에 비해 인간적으로 느껴지는 것과 마찬가지다. (그러나 오늘날 모든 사람이 노동과 비즈니스로 바쁘기에 차라리 현금을 보내는 것이, 그것도 인편으로 부탁하기보다 직접 해당 계좌로 보내는 것이 더욱 편리해지고 더욱 보편화한다. 그렇게 서둘러 효율적으로 '일 처리'를 하고 난 뒤, 조용히 앉아 생각하는 우리의 마음속에 무엇이 남는가? 나 역시 종종 '서글픔'을 느낀다.)

그렇다. 삶의 주체가 아니라 노동주체 내지 소비주체로만 존재하는 오늘날의 우리는, 치열한 경쟁 속에 생존본능으로만 가득 찬 채 온갖 일들을 '효율적으로' 처리하기 바쁘다. 경쟁 사회 속에 자기의 가치를 드러내기 위해 상품소비도 하고 SNS에 자랑도 한다. 단톡방이나 페이스북, 인스타그램이나 텔레그램, 유튜브 등은 나르시시즘의 경연장 같기도 하다. (물론 이런 매체가 대안 언론의 역할을 톡톡히 하는 면도 놓

쳐선 안 된다.) 그렇게 나르시스트끼리 바삐 경쟁하다가 잠시 휴식이라도 취할라치면, 갑자기 '이게 삶인가?' 하는 회의가 몰려오는 것도 사실이다.

경쟁 사회와
사람의
자존감

경쟁 사회 속의 인간이 패자가 되면 스스로 낙오자 내지 무능아, 실패자, 루저(loser)라는 느낌으로 좌절하기 쉽다. 실패나 낙오 자체보다 그로 인해 받는 사회적 시선과 느낌이 더 두렵다. 이른바 낙인(stigma) 효과! 모두 승자가 되고자 발버둥치는 까닭이다. 승자는 박수도 받고 선망의 대상이 되며, 물질적 이득도 누린다. 그러나 승자라고 늘 승자로 머물 수 있는 건 아니며, 나이가 듦에 따라 또 세상 환경이 바뀜에 따라 얼마든지 패자로 전락할 수 있다. 승자 역시 안심할 수 없는 까닭이다. 탈락의 두려움. 누군가 언제든지 나를 추월할 수 있다는 강박과 집착. 결국 경쟁 게임 속의 모든 인간은 불안하고 두렵고 근심 걱정에 시달린다.

그럼에도 대부분은 경쟁 자체를 문제 삼기보다 '경쟁이 있어야 발전이 있다'고 믿는다. 왜? 승자 내지 강자 동일시! 승자(강자)를 숭배하고 나도 승자가 되고 싶다는 욕망이 강렬하기 때문이다. 얼핏 그 승자가 완벽하게 보이니까.

이런 식으로 경쟁이라는 게임에 참여하는 이들은 누구나 자기 존재의 가치(자존감)를 경쟁력으로 평가한다. 아이들은 점수나 등수로, 대학생은 학벌로, 취준생은 스펙으로, 직장인은 업적으로, 사회에서는 지위나 재산으로. 이른바 '잘 살기 경쟁'의 실체다.

산업혁명 전, 초기 자본주의 시기(영국에서 엔클로저운동이 한창이던 시기)이던 17세기, 근대 철학의 아버지 R. 데카르트(1596~1650)는 '나는 생각한다, 고로 존재한다(Cogito, ergo sum)'고 했다. 이 유명한 말은 크게 두 갈래로 해석된다.

첫 번째 해석은, '생각'하는 사람의 중요성이다. 여기서 '생각한다'는 것은 곧 회의한다는 것이다. 의심과 의구심, 질문과 궁금증을 품어야 뭔가를 깨치고 배울 수 있다. 홍세화 선생은 한국의 교육이 생각하기(글쓰기와 토론하기)를 가르치지 않으니 사람들이 '고객 대접'을 받기만 좋아하고, 동시에 확증편향(자기 생각이 옳다는 집착)에 빠져 타인을 설득할 생각도, 설득당할 생각도 없이 오직 무책임하게 고집만 부린다고 질타한다.[2] 나는 이 질타에서 '고객 대접' 받길 좋아하는 사람이란 말에 눈이 간다. 이것이 곧 상품·화폐 물신주의 사회가 초래하는 효과이기 때문이다. 이른바 '소비자'들은 화폐를 지니고 있기에 '고객'으로서 '왕' 대접을 받는다. 자본은 이윤을 벌기 위해 지옥이라도 갈 판인데, 평범한 시장에서 자기 상품을 구매할 사람을 '고객'이니 '왕'이니 하는 말로 끌어들이는 것 정도야 아무것도 아니기 때문이다. 한편, 나는 이 '고객'으로서의 사람이 보이는 태도에도 주목한다. 그것은 자신이 상품 대신 그에 값하는 화폐(등가물)를 지불할 소비주체이기에 만일 상품을 파는 자들이 깍듯이 모시지 않거나 약간이라도 불손하게 보이는 순간 얼마든지 소리를 지르거나 무례하게 굴어도 되는 것처럼 착각하기 때문이다. 고객의 느낌과 사고는 철저히 '등가법칙'의 지배를 받는다.[3] 즉 자기가 지불할 돈의 값어치 이상으로 대우를 받지 못한다고 느낄 경우, 그 마이너스라고 느끼는 만큼의 (또는 그 이상의) 분노와 질타를 플러스해서 되돌려 주는 것이다. 영화 〈카트〉엔 대형마트에서 일하는 계산원과 '고객' 간의 관계가 잘 묘사된다. 평소에 계산원을 별로 존중하지 않는 어느 고객이 계산원이 자기를 의심했다며 이른바 '갑질'을 하는 장면이다. 계산원이 자신이 원래 갖고 있던 물품까지 계산하려 든다며, 자기를 도둑 취급하는 것 아니냐며 화를 낸다. 영화에선 그 진실 여부가 가려지지 않지만, 맥락상 중요한 것은 고객의 갑질이다. 그렇게 화를 내고 간 여성 고객은 남편인지 남동생인지 건장한 남성을 데리고 다시 찾아온다. 계산원과 그 상사를 탈의실에 불러 '무릎을 꿇고 정중히 사과하라'고 요구한다. 계산원은 억울하지만 주저 끝에 무릎을 꿇고 만다. 이것이 자본 종속적 노동이 가진 인간적 모멸감이다.[4] 자본 아래의 노동이란 이런 식으로 자존감을 바닥 치게 만들기에, 사람들은 (스스로 또는 내 자식만이라도) 경쟁에서 승리함으로써 자신의 존재 가치를 증명하고 싶다. 이게 이른바 '잘 살기 경쟁'의 실체인데, 불행히도 나이가 차거나 병이 들고 죽음이 다가올 때가 되어서야 비로소 사람들은 '인생 별것 아닌데, 왜 그렇게 살았을까?' 하고 '회의'한다. '생각'이 너무 때늦다. 이렇게 화폐와 상품이 사실상 인간의 삶을 집어삼키는데도 우리는 그것도 모른 채 앞만 보고, 또 위만 보고 달린다. 그리고 어리석은 인간들은 상품과 화폐를 사랑, 존중, 숭배까지 한다.

두 번째 해석은, 생각하는 개인으로서의 존재란 사실상 신이나 우주로부터 분리된 존재, 이성(理性)을 갖고 자립한 존재, 나아가 과학기술로 자연이나 우주를 지배하는 존재를 상징한다는 것이다. 달리 말해 근대인은 세상과 분리된 개인으로서, 자기 존재를 유일한 확실성으로 인식한다. 자기 외에는 믿을 존재가 없다는 이야기! 이러한 인간상은 한편으로 자아실현이라는 욕구에 충만하여 노동자나 소비자로서 노동·화폐·상품 물신주의에 쉽게 빠지며, 다른 편으로 자본가나 기업가로서 세계 지배를 위한 기술·자본·권력 물신주의에 잘 빠진다. 그런데 이 양 측면은 자본주의 경쟁 사회를 만들고 유지하는 심리적 토대가 된다. 왜냐? 사람들이 고유의 인간성을 제쳐 둔 채 물신주의에 마음을 빼앗길 때, 우열이나 승패를 다투는 경쟁 게임에 전념하기 때문이다. 여기서 말하는 고유의 인간성이란 우리 인간이 자연 내지 우주의 티끌에 불과하다고 보는 겸손한 존재, 하늘과 땅을 경외하는 존재, 보다 더 큰 세상의 일부라 여기는 영성적 존재, 네가 있어야 내가 있다는 '우리' 의식('우분투' 정신)을 가진 존재, 이런 존재의 특성이다. 이 존재의 특성을 까마득히 잊은 채, 우리는 잘 살기 경쟁을 한답시고 이웃이나 동료, 자연과 경쟁한다. 그리하여 세계를 지배와 정복의 대상으로 여기고 지배 욕망을 불태운다. 온 세상은 가치

실현과 증식을 위한 '자원'(인적자원, 물적자원)일 뿐이다. 따라서 인간의 저항이나 그 결실로서의 민주적 법과 제도는 '장애물'로 비친다. 영화 〈인터스텔라〉에는 "인류는 여태껏 불가능을 극복하는 능력을 스스로 정의했다", 그리고 "우린 답을 찾을 거야, 늘 그랬듯이"라는 대사가 나온다. 지구온난화와 물 부족으로 지구의 모든 정치경제가 거의 파산하고 식량대란까지 겹친 상태에서[5] 우주 공간까지 과학기술로 다스리겠다는 자신감에 가득 찬 인간들의 이야기다. 따지고 보면 경쟁적으로 더 많은 이윤을 얻겠다는 자본의 욕망과 그것을 '강자 동일시'를 통해 추종한 인간의 욕망이 결국은 지구를 불모의 공간으로 만들지 않았던가? 그런데 자본은 여전히 같은 욕망으로 우주까지 정복하려 든다.

그러나 이 근거 없는 자신감에도 불구하고 나이가 차고, 큰 병에 걸리거나 죽음이 다가오면 사람은 근본적으로 '회의'하게 된다. 이성적으로 생각하는 인간이 이성의 힘을 과신하다가 결국 자가당착에 이르러 회의하는 인간이 되는 것, 바로 이것이 데카르트의 '나는 생각한다, 고로 존재한다'이다. 이 모든 이야기는, 신처럼 되기 위해 밀랍 날개를 달고 태양 가까이 다가가자 밀랍이 녹는 바람에 떨어져 죽었다는 '이카루스의 역설(Icarus paradox)'을 떠오르게 한다.

희망의 메시지 - 부모들이 변한다

한국교육개발원이 2019년 성인 남녀 4,000명을 대상으로 여론조사를 한 결과, '우리 사회에서 자녀 교육에 성공했다는 것이 어떤 의미냐'는 질문에 '자녀가 하고 싶은 일, 좋아하는 일을 하게 된 경우'(25.1%, 부모 응답자만 한정 시 27.3%)가 1위로 꼽혔다. 총 6가지의 선택지 중 '자녀가 인격을 갖춘 사람으로 크는 것'(22.4%)이 2위였고, '좋은 직장에 취직한 경우'(21.3%)가 3위였다. 2015~18년의 4년간 줄곧 1위였던 '자녀가 좋은 직장에 취직한 경우'가 아래로 밀려나고 처음으로 순위가 바뀌었다. 여론조사처럼 정말 아이들이 하고 싶은 일을 하면서 인격자로 살면 온 나라가 정말 좋아질 것이다. 이게 희망의 싹이다.

이 싹이 죽지 않고 잘 커서 온 나라가 그렇게 변한다면 새로운 세상도 얼마든지 가능하리라. 물론 교육만 변해서도 안 되고, 노동, 경제, 정치, 문화 등이 모두 변해야 한다. 더 이상 '너 죽고 나 살기' 식 경쟁을 않고도 인간다운 자부심을 느끼며 사는 나라!

레바논 출신의 철학자이자 작가인 칼릴 지브란은 저서 『예언자』 중 '자녀에 대하여'에서 부모 자녀 관계를 이렇게 설명했다.[6] "그들이 비록 당신을 통해 태어났지만 당신으로부터 온 것은 아니다. 그러므로 그들이 당신과 함께 지낸다고 해도 당신에게 속한 것은 아니다.

당신은 아이들에게 당신의 사랑을 주되 당신의 생각까지 주려고 하지는 말라. … 아이들의 영혼은 당신이 꿈에서도 가 볼 수 없는 내일의 집 속에 살고 있기 때문이다." 이런 지브란의 메시지가 통할 것인가? 이제 한국의 부모들도 꼭 쥔 주먹(자녀를 SKY에 꼭 집어넣고 말겠다는 욕망)을 홀가분하게 펼 때가 되었다. 연극 삼아 한번 그 주먹을 펴 보시라! 우리의 자녀는 결코 부모의 소유물이 아니라 우주의 선물이다. 부모는 부모 자신의 인생을, 아이들은 아이들 자신의 인생을 멋지게 살 권리와 책임이 동시에 있다!⁷

이런 점을 깨달았기 때문일까? 한국 부모들의 시각이 더디지만 조금씩 변하니 매우 고무적이다. 물론 여전히 학원가에는 '이 버스의 종점은 SKY입니다' 식의 현수막이 휘날리고, 마을이나 지역마다 '○○초등학교 제○회 졸업생 ○○○, 사법고시 합격' 식의 현수막이 눈을 어지럽힌다. 그러나 부모들도 더 이상 '옆집 아줌마'⁸ 가 되지 않기 위해 노력하는 등 조금씩 변하고 있고, 지역마다 혁신 교육감이 대거 탄생하면서 인성 교육에 초점을 맞추는 학교가 늘고 있다. 이제 대학과 직장도 변해야 한다. 앞으로는 어느 대학 어떤 학과를 선택해도, 자신이 좋아하는 일을 해도, 먹고사는 데에 걸림돌이 없는 사회를 만드는 것이 우리의 공동책임이다.

고교·대학 서열화 해소를 위한 10대 제안 – 기득권 타파의 '백년혁명'[9]

만일 우리가 칼릴 지브란의 메시지를 진심으로 가슴에 새긴다면, 앞으로는 초중고교 교육만이 아니라 대학과 직업 세계까지 바꿔 내야 한다. 교육 문제는 결코 교육 분야로만 풀 수 없기 때문이다. 사실 현재 우리가 경험하는 각종 교육 문제는 개별 학교나 당국, 개별 학부모, 개별 학생에서 비롯된 문제가 아니다. 핵심은 전 사회적 차원에서의 구조적 격차와 차별의 확대재생산이다. 결국 (경쟁을 통해 이윤을 축적하는) 자본과 국가 시스템에 유용한 인재를 걸러 내는 과정이 경쟁적 교육 시스템으로 나타났을 뿐이다.

따라서 현재의 기득권을 모두 내려놓고 원점에서 다시 설계해야 한다. 즉 '교육-노동-경제-사회-생태' 전반을 패키지로 생각하는 발상의 대전환이 시급하다. 이 엄중한 현실을 더 이상 외면·우회 말고 정면 돌파해야 답이 나온다. 내 나름 '백년지대계'의 초안을 그리면 이렇게 정리된다.

(1) 전 고교를 평준화(교사, 교감, 교장의 교육철학 변화를 전제), 전 대학을 K1~K100대학으로 재편하고, 공립화한다. (여기서 회소식 하

(2) 고교생은 대입 수능 70%만 되면 전원 합격하게 한다. 자신의 소망과 적성에 따라 5~7개 대학을 지원하되, 전자추첨으로 배정한다.

(3) 진학 후 학과 특성이 자신의 소망과 적성에 맞지 않으면 자유롭게 옮길 수 있게 한다. 입학과 전학은 자유롭되, 졸업은 엄격 관리한다.

(4) 대학에서는 절대평가 체제를 일관되게 적용하고, 졸업은 평균 70점 이상이면 그 분야에서의 학업 수료를 인정한다.

(5) 향후 직업 세계에서 대졸자 첫 보수는 고졸 4년 차 보수와 비슷하게 또는 약간 낮게 설계하되, 직장에서는 개인 평가보다 집단 평가를 중시한다.

(6) 직업 영역별 보수나 대우의 격차를 줄여 나간다. 어떤 공부를 하고 나와도 인간 존엄성을 유지하며 생계 걱정 없이 살도록 사회를 재설계한다.

(7) 집과 땅을 부동산 투기 대상화하는 행위, 정책, 제도를 혁파하고, 주거, 농업, 보육, 교육, 의료, 노후 문제를 사회 공공성 차원에서 해결한다.

(8) '4차 산업혁명' 등 기술도 '인간성-효율성 조화' 관점에서 접근, 균형을 맞추고 속도를 조절한다. 기술발전보다 기후·

절멸 위기에 적극 대처하면서도 기술발전의 과실을 사회적으로 나누는 방법도 강구해야 한다.

(9) 기술적, 조직적, 개념적 혁신의 과실이 노동시간 단축 및 복리 증진 등 '삶의 질' 향상으로 귀결되도록 전 사회적 노력을 다한다.

(10) 이 '백년지대계' 혁명이 제대로 진행되는지 검토하기 위해, 이해관계를 초월한 교육전문가로 구성되는 교육자문위원회를 가동, 점검해 나간다.

이 '백년혁명'이 필요한 이유는, 지금까지의 교육과 노동이 사람답게 사는 법(생명법칙)에 따르는 것이 아니라 자본·상품·화폐의 '가치법칙'에 지배받아 왔기 때문이다.[10] 그 사이에 모든 인간관계들이 야만적으로 변했다. 앞서 말한 '기쁨은 나누면 질투가 되고, 슬픔은 나누면 약점이 된다'는 말도 '너 죽고 나 살기' 식 경쟁으로 황폐화한 인간관계를 잘 드러낸다.

여기서 자본·상품·화폐의 가치법칙이란, (마치 상품의 가치를 그 속에 들어간 추상노동의 양으로만 측정하듯) 인간 삶에 있어 모든 질적 차이를 무시하고 오로지 숫자(점수, 등수)와 양으로만 평가하는 법칙이다. 양이 질을 차단하는 효과! 이 가치법칙의 지배를 받는 교육 시스템에 편입된 우리의 자녀들은 부모 노동력 세대에 뒤이은 '제2세대 노동력'으로서의 가치만 중시되었다. 그 체계적 훈련(노동능력과 노동의욕의 육성)을 위해 '선착순 달리기'와 같은 게임을 계속해 온 셈이다. 아이들이 자기 꿈을 찾을 시간과 기회는 없고 그런 감각마저 마비되었다. 그래서 대학에 진학해도 정작 "자신의 꿈이 뭔지 모르는 게 문제"라 고백한다. 꿈이 생겼다는 아이들조차 실은 화폐·상품 물신주의 속에 갇힌 경우가 대부분이다. 어떤 대학생은 아예 대놓고 "돈을 많이 버는 게 제 꿈"이라 말한다. 그러나 이렇게 아이들의 생각이 변했다고 해서 진심 내지 본심마저 변한 건 아닐 터! 뭔가 의미 있고 재미있으며 가치 있는 삶을 살고 싶은 바람, 한 번밖에 없는 인생을 멋지게 살고 싶은 마음, 이런 소망은 누구에게나 있다. 대학생들과 막걸리 한 잔 나누며 이야기하다 보면 금세 확인할 수 있는 소망이다.

이제 부모들 역시 아이들이 하고 싶은 일을 하면서도 인격체로 살기를 바라는 마당에, 이런 소망을 실현하기 위해서라도 전 사회적 시스템을 근본적으로 바꿔야 한다. 그래야 아이들의 개성이 살고, 학교엔 배움의 기쁨이, 직장엔 일의 보람이, 그리고 온 사회엔 활기가 넘칠 것이다. 더 이상 인격체로서의 사람이 노동력의 상품가치로 평가받지 않는 사회가 대안이다.

자율적인
삶의 주체,
삶에 대한 감수성

2020년 1월, 스위스 다보스의 세계경제포럼에서 70대의 미국 트럼프 대통령과 10대의 스웨덴 환경운동가 그레타 툰베리가 만났다. 트럼프가 말했다.

"알았다. 나무 1조 그루 심기에 동참하겠다."

"아니, 나무 심기로는 불충분하다." 툰베리가 쏘아 댔다.

"지금은 낙관할 때다. 비관론을 퍼뜨리는 예언자나 대재앙에 대한 예언을 거부해야 한다." 기후 위기에 빠진 현실을 부정하려는 트럼프가 소리를 높였다.

"나무만 심어선 안 되고, 온실가스 배출을 당장 멈춰야 한다. 우리 집이 불타고 있는데, 당신들의 무대책이 불난 집에 부채질한다." 툰베리가 기후 위기의 현실을 인정하라고 외쳤다.

그레타 툰베리는 2018년 8월 '기후를 위한 학교 파업'이란 팻말을 들고 스웨덴 의사당 앞에서 지구온난화 대책 마련을 촉구하는 1인 시위를 벌였다. 이 시위는 이후 전 세계 청소년 환경운동을 촉발했다. 위 짧은 대화는 두 세계관의 충돌을 상징적으로 재구성한 것이다. 트럼프의 세계관은 자본의 세계관, 툰베리의 세계관은 생명의 세계관이다. 물론 우리가 살아가는 방식은 선악이나 흑백으로 명확히 구분되진 않는다. 하지만 트럼프와 툰베리가 지향하는 세계관은 그 방향성의 관점에서 명확한 대조를 이룬다.

트럼프는 자본·화폐·상품·노동의 법칙이 지배하는 사회를 믿지만, 툰베리는 생명·평화·사람·관계의 법칙이 통하는 사회를 믿는다. 전자는 질보다 양을 추구하지만,[11] 후자는 양보다 질을 추구한다. 문제가 된 기후 위기는 사실상 전자의 자본·화폐·상품·노동의 법칙이 지난 200여 년 동안 만들어 낸 결과다. 따라서 동일한 법칙으로 문제를 해결할 수는 없다. 그러나 트럼프는 근거 약한 낙관을 편다. 나무를 1조 그루가 아니라 10조 그루를 심어도, 온실가스 배출을 당장 멈추지 않는 한 마치 호주의 산불 사태처럼 다 타 버릴 수 있다.

트럼프는 두렵다. 상품과 화폐의 법칙에 묶여 있기 때문이다. 그러나 툰베리는 두렵지 않다. 자유인이기 때문이다. 즉 삶의 주체성과 자율성, 감수성이 살아 있다. 물론 툰베리는 지구라는 우리의 집 전체가 불타 버릴까 봐 몹시 두렵다. 그러나 툰베리는 이 두려움을 솔직하게 드러낸다. 그래서 전 세계인들에게 울림을 주었다. 기득권의 상실을 내심 두려워하는 트럼프가 자신의 두려움을 솔직하게 드러내지 못하는 것과 몹시 대조된다.

여기서 문제는 둘 중 누가 더 옳으냐, 또는 누가 더 현실적이냐가 아니라, 왜 생존 위기와 같은 절박한 현실이 왔으며 나아가 어째서 이 현실이 바뀌지 않는가 하는 점이다. 누누이 강조한 바, 이 인류 전반의 생존 위기가 코앞에 닥친 이유는 지난 수백 년간 인류가 생명·평화·사람·관계의 법칙을 무시하면서 자본·화폐·상품·노동의 법칙을 맹신해 왔기 때문이다. 달리 말해 '잘 살아 보자'는 구호 아래 경쟁과 이윤의 법칙을 수백 년간 맹종한 결과, 오늘날 삶의 위기가 왔다. 따라서 이제부터라도 우리 모두는 (여/야, 진보/보수, 빈/부를 불문하고) 전혀 다른 원리에 따라 사는 법을 고민해야 한다. '교육혁명'도, 툰베리가 느끼는 바와 같은 '삶의 감수성'도 그래서 더욱 필요하다. 그래야 진정한 민주 공화국(democratic republic)이 가능해진다.

나부터 실천

1. 상품소비에 대한 지금까지의 습관을 냉철하게 되돌아보기

2. 칼릴 지브란의 자녀 교육에 대한 철학을 보며 자신의 삶을 되돌아보기

3. 차별과 서열화를 타파하기 위한 '교육혁명 10대 제안'에 대한 생각을 이웃과 나누기

4. 그레타 툰베리의 실천을 보며 나는 어떻게 살고 있는지 성찰하기

5. 데카르트의 '나는 생각한다, 고로 존재한다'에서 얻는 교훈을 이웃과 나누어 보기

9. ─────

1   A. Jappe, *The Writing on the Wall: On the Decomposition of Capitalism and Its Critics*, Winchester: Zero Books, 2017, 제10장 참조.

2   홍세화, "'생각하지 않는 교육'과 확증편향", 〈한겨레〉, 2020. 1. 31.

3   이 등가법칙과 관련해서는 우치다 다쓰루, 『하류지향』, 민들레, 2013 참고.

4   W. 제임스는 1905년의 한 논문에서 사람이 자기 존재를 인정받지 못하면 죽음을 불사할 정도의 무력감에 빠진다고 했고, W. B. 캐논 역시 분노의 억압과 억제, 화병, 두려움 등으로 인해 과도한 정서적 쇼크사(Voodoo Death)를 초래할 수 있다고도 했다(아르노 그륀, 『복종에 반대한다』, 김현정 역, 더숲, 2018, 46쪽; cf. W. B. Cannon, "Voodoo death", *American anthropologist*, 44(2), 1942, pp. 169~181; W. James, *Principles of Psychology*, 1, 1890 [1905 ed.]). 나는 한국 사회에서의 많은 죽음들(자살, 돌연사 등)이 이런 면과 연관이 있다고 본다. 특히 해고 관련 투쟁을 하는 노동자들은 이런 위험에 많이 노출된다. 반면, 동료 노동자들의 연대는 존재의 인정과 존중을 의미하기에 이런 죽음을 막는 데 도움이 된다고 본다.

5   사실 지구가 이렇게 된 것 역시 불과 500년밖에 되지 않은 자본주의가 지구에 가한 무책임성을 반영한다. 자본이 추구하는 가치(교환가치와 잉여가치의 실체), 상품이나 화폐는 이성, 즉 계산의 법칙에 따라 오로지 양만 추구하기에 인간의 삶이 가진 질적인 차원(개성, 인격, 감성, 영성 등)은 무시되고 무관심, 무책임의 대상으로 전락하고 만다. 상품과 물신주의엔 '죽음(파멸) 충동'이 도사린다.

6 송현숙, "자녀 교육 성공", 〈경향신문〉, 2020. 1. 20.; 칼릴 지브란, 『예언자』, 박철홍 역, 김영사, 2013.

7 강수돌, 『더불어 교육혁명』, 삼인, 2015; 강수돌, 『나부터 교육혁명』, 그린비, 2003 참고.

8 우리가 아무리 좋은 책을 읽고 교육 강의를 들어도 일단 동네에 돌아가 '옆집 아줌마'만 만나면 모든 결심과 가치가 흔들리게 되는 현상을 상징한다. '옆집 아줌마'의 현실 감각이 SKY에 아이를 보내기 위한 지름길(아이를 잘 잡는 법, 성적 잘 올려 주는 특정 학원, 잘나가는 과외 교사, 효과적인 학습지 등)에 맞춰져 있기 때문이다. 강수돌, 『나부터 교육혁명』, 삼인, 2015 참고.

9 원래 이 내용은 2019년 12월 16일, '2030교육포럼'이 주최한 「교육불평등 해소를 위한 시민공동행동」의 일환으로 열린 토론회 발제문의 일부다. 사회자는 이윤미 교수, 토론자는 김누리 교수, 전경원 소장, 조정묵 교사, 홍민정 변호사였다.

10 가치법칙에 대해선 8부의 '가치비판 학파' 관련 내용을 참조.

11 영화 〈기생충〉에서 새 가정부 충숙 씨가 "돈이 다리미"라 한 말은 매우 상징적이다. 돈이 있으면 인심도 후하고 심신의 주름살까지 펼 수 있다. 이게 돈의 힘, 무소불위(無所不爲)다. 따라서 돈의 본질은 무한성(無限性)에 있다. 반면, 주름살은 삶의 고통을 뜻하나, 삶의 결, 삶의 질(質)도 상징한다.

10부

경쟁과 분열을
넘어
연대와 우애로!

그럼에도 또 해야 한다.
그것이 올바른 길이니까.
그것이 참된 출구이니까.

노동자들이 굴뚝 위로 올라간 까닭

　　　　　　　　1931년 5월 28일 밤, 일본 제국주의 아래의 식민지 조선에서는 평양의 한 고무공장에서 일하던 여성 노동자 강주룡(31살)이 '임금삭감 철회'를 요구하며 평양의 명소, 을밀대 지붕 위로 올랐다. 고공농성의 효시다. 그는 "나는 죽음을 각오하고 이 지붕 위에 올라왔습니다. 평원고무 사장이 이 앞에 와서 임금감하(삭감) 선언을 취소하기까지는 결코 내려가지 않겠습니다"라고 단호히 말했다. 당시 평양의 고무공장들에는 약 2,300명 정도의 노동자들이 있었는데, '우리가 패하면 수천 명이 같이 패하니, 대를 위해 소를 희생한다'는 각오였다. 결국 그는 자본의 독재에 맞서 목숨까지 걸었던 그 특유의 단호함으로 임금삭감 철회 약속을 받아 내고 말았다.

　그 이후 약 90년이 다 된 2019년 12월 말, 김진숙 민주노총 지도위원이 암 투병 중임에도 경남 양산에서 대구까지 110여 킬로미터를 걸어갔다. 영남대병원 옥상에서 70미터 고공농성 중인 친구 박문진을 만나기 위해. 박 씨는 14년째 부당해고 철회 투쟁 중 마지막 수단으로 2019년 7월부터 고공농성을 선택했다.[1] 김진숙의 걸음은 홀로 출발했으나 도착할 때는 200명으로 늘었다. 금속노조 한진중공업 지회 동료들, KTX 승무원들, '밀양 할매'(밀양송전탑반대주민대책위원회), 고리원전 반대 주민들 등이 함께 걸었다. '연대의 길'이었다. 이 연대의 도보행진 끝에 김진숙 지도위원은 이렇게 물었다. "길에서 싸우거나 단식하거나 극단으로 내몰리는 노동자들, 과연 어떤 정권이 들어서야 사라질까요?" 그 자신은, 2011년 1월부터 11월까지 309일간 70미터 크레인 위에서 고공농성을 벌였다. 한진 자본의 정리해고를 동반한 구조조정을 저지하기 위한 싸움이었다.

따지고 보면, 지난 20년 동안의 고공농성 행렬은 정말 길다. 2003년 6월 김주익 한진중공업 위원장이 해고자 복직을 외치며 부산 영도조선소 85호 크레인에 올랐으나 129일 고공농성 끝에 목을 맸고, 2주 뒤 곽재규 열사도 독(dock)에 투신하고 말았다. 기아특수강에서도 노조 활동으로 해고당한 조성옥, 이재현 활동가가 132일간 굴뚝농성을 했다. 2006년 구미 코오롱 공장에서도 전기철 부위원장 등 간부 3명이 송전철탑에 올랐고, 2008년 10월엔 콜텍 이인근 지회장이 정리해고 철회를 요구하며 양화대교 남단 송전탑에 올라 30일간 고공 단식농성을 했다. 기륭전자 분회 이미영, 윤종희 등 역시 2008년 세 번에 걸쳐 고공농성을 하며 불법파견 철회와 정규직화를 외쳤다. 쌍용자

동차 노조에서도 2009년부터 2014년까지 세 차례나 고공농성을 하며 해고자 원직 복직을 외쳤다. 2012년부터 2014년까지는 '창조컨설팅'의 도움을 받은 유성기업 경영진에 맞서 홍종인, 이정훈 지회장이 노조 탄압 중지를 외치며 고공농성을 벌였다. 2012년 11월부터 2013년 8월 초까지 296일 동안 현대자동차 사내하청 노동자 최병승, 천의봉 씨가 불법파견 처벌 등을 요구하며 고압송전탑에서 철탑농성을 했다. 2013년엔 재능교육 노조에서도 해고자 복직과 단협 원상회복 등 노동기본권 회복을 요구하며 202일 동안 서울 혜화동 성당 종탑 옥상에서 고공농성을 했다. 2014년 5월부터 경북 칠곡의 스타케미칼 해고자 차광호 씨가 45미터 높이 굴뚝에서 해고자 복직을 요구하며 408일간 농성을 벌였다. 2017년 11월엔 목동 열병합발전소에서 홍기탁 전 지회장과 박준호 사무장이 굴뚝 위 단식 투쟁 포함, 426일간 투쟁했다. 파인텍 노동자들도 2018년부터 426일간 굴뚝 고공농성을 했다. 2019년 6월부터는 서울 강남역 사거리 25미터 높이의 CCTV 철탑 위에서 삼성 해고노동자 김용희 씨가 부당해고 철회를 위해 355일간 고공농성을 벌였다. 정권의 보수성이나 민주성과 무관하게 노동자는 언제나 길로 내몰리며 일회용품 취급을 받는다. 결국 투쟁으로 내몰린다. 생존권 투쟁!

그래서 김진숙의 질문은 정곡을 찌른다. "길에서 싸우거나 단식하거나 극단으로 내몰리는 노동자들, 과연 어떤 정권이 들어서야 사라질까요?"

이 질문에 결코 간단한 답은 없다. 자본은 정부도, 국가도, 법도,

판사도, 검사도, 경찰도, 노조도, 시민단체도 '함부로' 할 수 있기 때문이다. 보다 정직하게 말하면 정부도, 국가도, 법도, 판사도, 검사도, 경찰도, 노조도, 시민단체도 자본의 일부가 되어 버렸기 때문이다. 그러니 '민주' 정부조차 별 소용없다. 따라서 총파업이건 고공농성이건 단식농성이건, 아니면 노사합의건 노사정합의이건 원직복직이건 손해배상이건 위로금이건 그 어떤 투쟁이나 합의의 형태와 무관하게 자본, 상품, 화폐, 노동을 넘어서야 한다. 우리가 일상적 삶을 영위하는 방식 전반(소유, 생산, 유통, 분배, 소비 등)이 모두 이 자본의 가치 범주를 넘어서서 결정되고 조직되고 조정되고 실행돼야 한다. 자본의 지양(止揚)이 되지 않은 상태에서는, 아무리 민주 정부가 들어서도 노동자는 노동자 취급을 받고 결국 '잉여'가 된다.

그래서 만일 노동운동, 시민운동, 여성운동, 청년운동이 이 사회의 희망을 만들고자 한다면, 현재 자본의 가치 범주(자본, 상품, 화폐, 노동)에 근거하여 작동하는 삶의 방식 전반에 '비상 브레이크'를 걸어야 한다. 일단 멈추어 서야 한다. 마치 노동 과정에서 옆 동료가 기계에 끼어 죽기 직전일 때 작업중지권을 발동하듯, 삶의 과정에서 사람들이 남녀노소 가리지 않고 고통을 당하며 쓰레기(잉여) 취급을 받고 있는 상황에서 비상 브레이크가 필요하다! 일단 멈추고 다시 생각하자. 다시 논의하자. 어떻게 살아야 진정 사람답게 사는 것인지?

이것은 달리 말해 어떻게 해야 우리 인간이 노동자, 소비자, 납세자, 투표자 등에 국한된 정체성을 넘어 진정 내 삶의 주인공으로 거듭날 수 있는지를 묻기 시작하고 회의하기 시작해야 한다는 이야기다. 그래서 '단절혁명'이 필요하다. 지금까지의 그 모든 제도나 관습과의 단절, 그리고 지금까지의 그 모든 느낌과 생각, 논리와의 단절. 자본, 상품, 화폐, 노동과 연관된 그 모든 것들과의 과감한 단절! 당연히 그 속에는 경쟁심이나 성공 욕망까지 포함된다. 회의하고 되물어라. 그리하여 정말 새롭게 시작하라! 비긴 어게인(Begin again)!

갈수록
세상살이가
힘들어지는 이유

보수적인 생각에 갇힌 많은 이들이 말한다. 무능한 민주 정부가 들어서서 세상살이가 더 힘들다. 그러나 이건 이중으로 '가짜뉴스'다. 부패한 보수 정부가 이미 망쳐 놓았기 때문에 그렇기 때문이기도 하고, 보수 정부건 민주 정부건 노동자나 농민의 삶을 진정으로 향상시킬 수 없기 때문이기도 하다. 늘 문제는, 자본의 이윤 욕망이다. 아무리 민초들 살림살이가 힘들어도 자본은 해마다 수억, 수십억, 수백억 대의 돈 잔치를 벌이지 않던가.

또 다른 이들이 말한다. 검찰이나 경찰에 적폐가 많아서 그렇다고. 틀린 말은 아니다. 하지만 이 역시 자본의 부르심을 받거나 스스로 자본을 내면화한 결과 '알아서 기기' 때문에 국가 권력 기관이 민초들의 삶을 보살피지 않는다. 평소에는 중립적인 척하지만(예: 좀도둑이나 살인사고 같은 건 잘 처리한다), 정치경제가 뒤얽힌 경우엔 조사 자체를 않거나 무한 지연해서 유야무야로 만든다. 이 역시 자본, 화폐, 상품 물신주의의 힘이다.

이런 논리도 있다. 국회에서 법을 제대로 만들고 정부가 정책이나 제도를 잘 꾸리면 되는데, 그게 부실해서 그렇다고. 그리고 그것이 잘 이행되는지 사후 관리감독도 철저히 하면 되지 않겠느냐고. 복지국가처럼 하면 되지 않겠느냐고. 맞다. 그러나 한계가 뻔하다. 국회의원들조차 이미 자본, 화폐, 상품 물신주의에 물든 이들이 대부분이다. 일반 법률은 두말할 나위 없고, 헌법조차 자본주의 시장경제를 기본으로 함을 명시하고 있다. '경제 민주화'를 위한 조항은 보완용 내지 포장용에 불과하다. 바로 그 헌법에 규정된 '경자유전' 원칙마저 보기 좋게 저버리고 법을 만드는 국회의원들 상당수가 투기용 내지 재산증식용 농지를 구입해 놓고 있지 않던가. 정부나 공무원 역시 마찬가지다. 정보가 빠르고 편법을 자유자재로 활용하는 자들이 이미 자본, 화폐, 상품 물신주의에 물든 채 법과 제도, 정책을 무력화해 버린다. 감독해야 할 이들조차 그러니 무슨 투명성과 공정성, 민주성이 보장되겠는가? 그나마 극소수 양심적인 이들이 없진 않다. 그러나 어떻게 바닷물을 숟가락으로 다 퍼낼 수 있겠는가?

이렇게도 말할 것이다. 노조 조직률을 높이고 노동운동을 더 활성화하면 되지 않겠느냐고. 틀리진 않다. 하지만 노동자 역시 자본의 일부로서 자본이 없어지는 걸 두려워한다. 일자리와 소득, 권한과 소속감을 주기 때문이다. 경제적 이득과 사회적 지위도 주기 때문이다. 이렇게 이미 노동은 자본의 일부다. 자본 역시 노동을 억압하지만 노동에 의존한다. 큰 차원에서 자본과 노동은 일심동체다. (자본과 노동의 적대라고 하는 기존의 이분법은 더 이상 결정적 의미가 없다. 착취자와 피착취자가 착취 행위에 있어서는 하나 되기 때문이다.) 그러니 자본을 넘어 새로운 사회를 상상이나 할 수 있는가? 굴뚝이나 철탑에서 춘하추동 4계절 목숨 걸고 힘겹게 투쟁하는 노동자들이 진정 인간답게 살려면, 자본을 넘고 상품과 화폐의 범주를 넘어, 즉 자본 종속적 노동을 넘어 상상해야 한다. 그런 상상을 대다수가 하게 될 때 세상은 바뀐다.

그럼에도, 아직 질문에 대한 답은 나오지 않았다. 왜 갈수록 더 힘들어지는가? 그 이유는 자본 안에 존재한다. 불행인지 다행인지, 이제 자본주의는 그 가치 생산의 토대가 무너지고 있다. 자본의 본성인 이윤 경쟁 때문이다. 남보다 더 많은 이윤을 가지려는 경쟁 속에 본전 뽑기도 힘든 기계나 설비를 더 많이 투입하다 보니 ① 수익률도 갈수록 떨어지고, ② 상품 단위당 가치도 떨어진다. ③ 그리하여 자본이 노동을 부려서 거두는 총 가치량 역시 떨어진다. 쉽게 말해 예전처럼 떡과 함께 '떡고물'이 많이 떨어지지 않는다. 그렇다고 자본가나 정치가들이 적게 갖고 갈 리는 없다. 자기들은 돈 잔치를 계속해야 하니 조금은 줄더라도 여전히 흥청망청이다. (물론 자기들끼리도 서로 더 많이 가지려고 이전투구를 한다. 현재의 정치권이 하는 일들이 상징적이다. 그래서 정치나 경제 영역에 '야만주의'가 창궐한다.) 하지만 대다수의 민초들은? 빈털터리가 되어 간다. 이것이 사태의 본질이다. 그래서 아무리 열심히 땀을 흘려도 살림살이가 더 나아지지 않는다. 그 갈수록 줄어드는 땀의 결실이 핫바지 방귀 새듯 빠져나가기 때문이고, 땀 흘리는 과정 자체가 이미 인간적 선을 넘었기 때문이기도 하다.

자본의 한계와 대응 전략

다시 한번 정리해 보자. 자본은 이윤을 위해 경쟁한다. 더 많은 자본과 더 나은 노동력과 더 좋은 기술을 가져야, 더 나은(경쟁력 있는) 상품을 만들고 팔아 더 많은 이윤을 얻는다. 이게 자본주의다.

그런데 자본에게는 크게 두 가지 문제가 있다. 하나는 자연자원의 문제, 다른 하나는 인간자원의 문제다. 자연자원은 갈수록 고갈한다. 지구에서 바닥이 나면 달나라나 화성에 뭔가 보여야 하는데 아직 별 소식이 없다. 자본의 외적 한계다.

다른 하나는 자본의 내적 한계다. 이것은 인간자원과 관계된다. 사람의 노동이야말로 자본이 추구하는 이윤(가치)의 원천이기 때문이다. 이것도 두 측면에서 정리된다. 하나는 인간 노동력이 자본에 저항하지 않고 능력을 잘 발휘해야 한다는 점이다. 보수 정당이나 보수 언론, 보수 정치가나 보수적 인간들이 자기랑 생각이 다르면 무조건 '빨갱이'로 매도하는 것에도 결국은 자본에 저항할 가능성의 싹을 처음부터 제거하려는 자본의 의지가 반영되어 있다. 그래서 어른들 대부분은, 우리가 어릴 적부터 말 잘 듣고 공부 잘하며 충실하면 '모범생'이라 불렀던 것이다. 자본이 써먹기 좋은 노동력의 가능성이 높으니까. 앞서 본 바, 자본의 독재에 저항하는 이들은 이미 오래전부터 있어 왔다. 물론 그 숫자가 그리 많지는 않지만. 그럼에도 동조하고 공감하는 이들은 의외로 많다. 하지만, 보다 정확히 말해 자본의 '독재'에 저항하는 이는 있어도, 자본 '자체'에 저항하는 이는 별로 없지 않은가? 만일 자본이 노동친화적으로 움직인다면 별문제 없다는 것 아닌가? 이런 의미에서 이미 현실의 노동은 자본을 내면화한 상태이고 강자 동일시가 상당한 정도이기에, 자본에 내적 한계를 설정하기엔 무력한 (또는 취약한) 면이 있다. 그럼에도, 노동의 연대와 저항이 얼마나 실질적으로 이뤄지는가 하는 문제가 자본에게는 여전히 불씨로 남아 있다.

그 두 번째 측면은 앞서도 본 바, 가치법칙과 관련된다. 원래 가치법칙이란 ① 1차적으로 각 상품의 가치가 그 속에 포함된 노동의 양으로 측정된다는 것이다. 그러나 지금 중요한 것은 상품가치 또는 잉여가치(이윤)를 정확히 측정해서 수치화하는 일이 아니다. 정작 중요한 것은 ② 자본 간 경쟁이 치열한 상황에서 갈수록 돈이 많이 드는 기술혁신이 일어나는 것과 비례해, 각 상품 안에 들어가는 인간 노동의 양, 그리고 생산된 전체 가치의 총량이 줄어든다는 점이다.[2] ③ 게다가 새로 도입되는 최신 기술은 가격이 아주 높은데, 기술 경쟁의 속도를 투자 수익성이 따라잡지 못하기에 갈수록 기업의 수익률(자본의 이윤율)이 떨어진다. 바로 이것이 자본에게는 내재적 위기인데, 이를 돌파하기 위해 자본은 이른바 '반작용' 전략을 쓴다. 그것은 자본이 획득하는 (잉여)가치의 양을 증대하기 위한 노력인데, ④ 해외에 새로운 생산지와 시장을 개척하거나, 국내의 새로운 소비층을 발굴, 개발, 창조하는 것, ⑤ 기존에 없던 획기적인 새 상품을 개발하는 것(예: 의료 민영화), ⑥ 효율성이 떨어지는 노동력을 정리해고하고, 더 적은 노동력으로 더 많은 가치를 생산하기 위해 노동혁신, 경영혁신, 조직혁신을 하는 것 등이다.

바로 이런 맥락에서 자본은 상당한 위기 때만 구조조정을 하는 게 아니라, 그와 무관하게 일 년 내내 상시적 구조조정을 하려는 경향이 있다. 이것은 단순히 각종 혁신만 뜻하는 게 아니다. 왜냐하면 상시적 구조조정은 노동운동이나 시민운동의 압박으로 인해 그동안 노동법이나 각종 정책, 제도가 자본의 가치 증식에 불리하게 바뀐 것을 다시 원점으로 되돌리거나 더욱 개악하려는 시도까지 포함하기 때문이다. 가장 대표적인 예로는 ⓐ 1987년 여름의 '노동자대투쟁' 이후 산별노조 운동이나 노동자 정치 세력화 운동이 급성장하자 1997년 말 'IMF 경제위기'를 틈타 안기부법 개악과 노동법 개악을 시도한 일, ⓑ 김대중, 노무현 정부 때 있었던 약간의 진전조차 무력화하기 위해 2015~16년 박근혜 정부 때 전교조 법외노조화, 통합진보당 해산에 이어 노동법 개악(취업규칙 불이익 변경)을 강행하려 한 일, 특히 쌍용차와 콜트콜텍, KTX 해고 승무원, 갑을오토텍 사건 등이 (비리의 온상으로 밝혀진 양승태 대법원에 의해) 기획 판결된 일, ⓒ 촛불항쟁과 문재인 정부의 등장으로 최저임금 인상, 노동시간 단축, 비정규직의 정규직화, 그리고 전교조의 합법화 등이 약속되는 듯했으나, 얼마 안 가 자본의 저항 앞에 촛불정부 아래서조차 은밀한 개악이 이뤄진 일 등을 들 수 있다.[3] 대통령이 나서서 재벌에게 일자리를 부탁하는 입장이니 재벌개혁은 물 건너간 지 오래됐다. 이 상황에서 경쟁과 분열을 넘어 연대와 우정의 길을 어떻게 열 수 있을까?

경쟁과 분열을 넘어 연대와 우애로

솔직히, 이런 책에서 아무리 좋은 아이디어를 제시해도 사람들이 "흥, 그건 너무 이상적이야" 또는 "현실을 너무 모르는 소리야"라고 말하기 쉽다. 그럼에도 또 해야 한다. 그것이 올바른 길이니까. 그것이 참된 출구이니까. 그러면 또 이렇게 말한다. "누가 몰라서 그런가? 형편이 안 돼서 그렇지." 그렇다. 형편이 어렵다. 참, 힘들다. 막막하다.

그럴 때 하늘을 보시라. 하늘에 흐르는 구름, 밤하늘의 별빛이나 달빛… 그렇다. 깜깜한 밤에 길을 잃어도 밤하늘의 별이나 달을 보면 뭔가 기운이 느껴진다. 별자리만 읽어도, 또 춘하추동 계절 변화만 잘 느껴도, 삶의 시공간을 조금이나마 짐작할 수 있다. 인생도 그렇다. 세상이 어떻게 돌아가는지, 우리네 삶과 죽음이 어떤 이치인지만 잘 알아도 어렴풋이 '삶의 지도'가 나온다. 그래서 이런 책을 쓴다. 상품으로 많이 팔려고 쓰는 책이 아니다.

지금까지 내가 깨친 삶의 원리, 그리고 이 책에서 계속 강조해 온 자본과 경쟁의 원리를 압축해서 정리하면 다음과 같다.

① 우리와 비슷하게 살아온 인류의 역사는 짧게 보아도 약 1만 년이다. 그중 자본의 역사는 불과 500년이다. 이는 전체 중 5%밖에 안된다. 나머지 95%의 인간 역사는 자본 없이도 살았다. (물론 꼭 행복했다는 이야기는 아니다.) 달리 말해 우리는 현재 자본 아래에 살고 있고 자본이 없으면 죽을 것 같지만, 원칙적으로 자본 없이도 살 수 있다는 깨달음.

② 더 희소식이 있다. 자본주의는 사람 없이 존속할 수 없다. 생산자와 소비자, 납세자와 투표자[4]가 필요한 것. 그러나 사람은 자본주의가 아니어도 살아왔고 살 수 있다. 아니, 자본관계가 없어야 더 잘산다. 아무리 자본주의 선두에 선 재벌 회장이라도 그 가족관계는 인정과 사랑, 우애가 있어야 지속 가능하다. 만일 자본 논리가 가정에 침투하면 금세 가족관계는 붕괴한다. 자본관계는 인간관계와 적대적으로 대립한다. 인간답게 살려면 자본을 지양해야 한다.

③ 좀 서글픈 소식도 있다. 우리가 선거로 뽑는 대통령이나 국회의원이 권위주의 보수가 아니라 민주적이라 하더라도, 만일 그들이 자본, 화폐, 상품 물신주의 세상을 넘어가야 한다는 철학과 결의를 지니고 있지 않다면, 노동자나 농민 입장에서는 별로 다를 바 없다는 점이다. 오히려, '민주적' 선출직은 선거에서의 지지를 버팀목으로 삼아 자본에 유리한 법률, 정책, 제도를 구렁이 담 넘어가듯 별 저항 없이 만들기도 한다. 실제로 '보수' 정부 아래서는 물론, '민주' 정부 아래서도 '경제'를 살린답시고 노동규제, 환경규제, 토지규제 등을 자본의 돈벌이에 유리하게 만든 경우가 많다. 2020년 6월, 사상 초유의 신종 코로나 바이러스 사태 국면에서 문재인 정부 역시 자본친화적인 정책을 대거 담은 '한국판 뉴딜' 계획을 발표했다.[5] 그러나 진정한 민생 경제는 자본, 화폐, 상품 물신주의를 지양해야 가능하다. 그런 인식과 결단이 없으면, 우리는 늘 속고 만다.

④ 자본은 노동을 경쟁시키고 분열시켜야 편하게 통제하고 지배할 수 있다. 반면, 노동이 힘을 가지려면 연대와 단결, 공감과 소통, 우애와 협력을 강화해야 한다.[6] 그러나 노동 역시 자본, 화폐, 상품 물신주의를 극복해야 한다는 인식과 결단이 없다면 연대와 단결, 공감과 소통, 우애와 협력조차 얼마든지 자본에 역이용당할 수 있다. 자본은 인간의 산 노동(특히 가치 증식에 효율적인 노동력)에 의존하기 때문이다. 엄밀히 말하면 자본과 생명이 적대적으로 대립하는 형국에서 노동은 중간에 놓인 교차로다. 자본은 노동을 통해 생명을 자기 안으로 흡수함으로써 몸집을 불려 나간다. 따라서 노동이 이 역할을 멈추고 방향

을 돌리지 않으면 노동의 활동(자본의 몸집을 불려 주는 활동)은 공멸로 향한다. 멈추고 방향을 돌리기 위해서라도 연대와 단결, 공감과 소통, 우애와 협력이 절실하다.

⑤ 노동이 자본을 믿고 경쟁에 동참하는 만큼 노동의 힘은 약화하고, 그 경쟁에서 얼마나 성공하는가와는 무관하게 전체 노동이 자본에 장악, 지배, 통제되고 만다. 시장과 경쟁은 자본이 부단히 몸집을 불리려는 자기 본성을 현실적으로 구현하는 구체적 수단이다.

⑥ 국가나 정부의 정책이나 제도가 자본의 1차 범주인 가치, 노동, 상품, 화폐, 그리고 2차 범주인 시장, 경쟁, 이윤 등을 근본적으로 지양하지 못하는 경우, 스스로 3차 범주가 되어 법률, 제도, 정책 등을 통해 자본에게 봉사한다. 자본을 범주적으로 넘어서자는 말은 바로 이 1차, 2차, 3차의 범주를 모두 지양해야 비로소 인간 해방 가능성이 열린다는 말이다.

⑦ 결론적으로 오늘날 경쟁을 내면화하고 자본을 동일시하고 있는 우리 개인 각각은 일종의 '자본 바이러스'로 살아가고 있다. 역사적, 사회적 과정에서 인간 개개인의 사회적 DNA가 변조된 나머지, 우리 스스로 자본의 느낌, 생각, 논리, 태도, 행위를 거의 그대로 대행하며 산다는 이야기다. 출생 이후 성장 과정, 취업과 생활, 그리고 노후의 삶이 전부 그러하다. 자본의 1차, 2차, 3차적 범주를 벗어나는 삶을 상상조차 하기 어렵게 된 것이 이를 방증한다. 거시적으로 비극적인 결말(기후 위기, 자원 고갈, 석유 문제, 핵 위험, 바이러스 공포 등)은 거의 확실하되, 낙관적인 희망은 매우 불투명하다. 현실이 그렇다. 하지만 거시적 비

248

관에도 불구하고 우리는 미시적 낙관의 사례를 많이 만들어야 한다. 이 책을 이웃들과 함께 읽고 다양한 생각을 나누며 새로운 가능성을 탐색하는 것도 그 미시적 낙관의 일부가 될 것이다.

흔히 "삶에 '낙(樂)'이 없다"고들 한다. 그러나 '낙'은 주어지는 게 아니라 만드는 것! 이웃과 함께 좋은 책을 읽고 생각을 나누며 재미있고 의미 있는 일을 만드는 것, 이게 '낙'이다. 날마다 조금씩 이런 낙이 많아질수록 인류 공멸 대신 '희망의 옆문'[7]이 열릴지 모른다. 인생은 결과가 아니라 과정이니까!

나부터 실천

1. 노동자들이 굴뚝에 올라 고공농성까지 하는 현실에 대한 우리의 반응을 성찰하기

2. 자본의 역사적 성취물과 한계성에 대한 생각을 친구나 이웃과 두루 나눠 보기

3. 연대와 우애의 삶을 일상 속에서 실천하는 방법이 무엇인지 말해 보기

4. 자본이 없는 세상, 경쟁이 없고 이윤 욕망이 없는 세상을 상상해 보기

5. 자본주의 이후의 세상에서 우리들 삶의 방식이 어떻게 될지 생각을 공유하기

10. ──

1 박문진의 고공농성은 2020년 2월 13일, 농성 227일째에 끝났다. 2006년
에 해고된 박문진, 송영숙의 복직과 노조 활동 자유 보장에 양측이 합
의한 결과다.

2 이 부분과 관련, A. Jappe, *The Writing on the Wall: On the Decomposition
of Capitalism and Its Critics*, Winchester: Zero Books, 2017. 특히 제4장,
5장, 7장을 참조.

3 다행히 전교조는 2020년 9월의 대법원 판결과 10월의 노동부 결정으로
'재합법화'했다.

4 투표와 선거를 통해 민주주의가 가능하다고 하지만, 이는 근본적으로
자본주의를 정당화하는 효과를 지닌다. 이른바 자유 민주주의는 자본
주의 속의 민주주의다. 엄격히 말하면, 자본의 민주주의다. A. Jappe,
The Writing on the Wall: On the Decomposition of Capitalism and Its Critics,
Winchester: Zero Books, 2017. 특히 제6장 참조.

5 김연정, "'한국판 뉴딜'로 코로나 위기 넘는다", 〈연합뉴스〉, 2020. 6. 1.

6 최근의 대표적 사례로는 '정치하는 엄마들'의 단결된 힘이다. 원희복,
"'정치하는 엄마들' 공동대표 백운희 '전국 엄마여! 단결하면 바뀐다'",
〈경향신문〉, 2020. 2. 2. 참고.

7 '희망의 옆문'은 영화 〈설국열차〉에서 남궁민수(송강호)가 "나는 문을 여
는 사람이다. 어떤 문이라도 열어야 한다. 하지만 저 (앞)문이 아닌 바
로 이 (옆)문"이라 한 말, 즉 아무리 꼬리 칸에서 기관실까지 가도 열차
안에선 모두 헛수고이니 차라리 옆문을 열고 밖으로 나가야 한다는 말
에서 따왔다.

에필로그

라마레라 마을 이야기

　인도네시아 중부 소순다 열도의 중앙에 있는 플로레스섬, 이 섬의 동쪽 렘바따섬에는 작은 마을 '라마레라'가 있다. * 이 마을 사람들은 생계용 고래잡이가 '실력'이 아니라 '운'에 좌우된다고 본다. 우리나라 엔 '운칠기삼(運七技三)'이란 말이 있다. 사람이 하는 일은 운이 70%, 기

* 이경원, "전설의 고래잡이 마을, 印尼 라마레라", 〈서울신문〉, 2020. 11. 28.; 김성월, "인도네시아 라마레라. 고래가 없으면 우리도 없다", 〈한국수필〉, 2019. 2.; SBS 창사특집 [운인가 능력인가·'공정성 전쟁'], 2018. 11. 11. 및 11. 18.; MBC 창사특집 [위대한 한 끼], 2015. 12. 28.; TVN 스페셜 [익스트림 다큐: 인간 vs 고래], 2011. 4. 15. 및 4. 22.; KBS [VJ특공대-라마레라는 어떤 마을인가?], 2007. 4. 27. 방송내용 참고.

술(실력)이 30%란 이야기다. 일이 성공하는 데 자신의 힘은 30%밖에 안 되고 하늘이 준 운이 70%나 된다니, 결국 겸손해야 한다는 이야기다.

라마레라는 온 마을 사람들이 그런 마음으로 사는 동네다. 바로 이 마을 이야기가 2010년 11월 말~12월 초까지 EBS '세계테마기행'이나 2018년 11월 SBS '창사기획특집' 등에 소개된 바 있다. 플로레스섬과 럼바따섬, 라마레라 마을에서 독특한 문화와 전통을 이어 온 사람들의 일상 속에 우리는 무엇을 느끼고 배울 수 있을까?

날마다 돈을 벌기 위해 바쁘게 노동하는 우리는 마을 축제를 잃어버린 지 오래다. 하지만 이 작은 마을에서 집들이 행사인 '카사오'는 아직까지 가장 큰 명절이자 축제다. 우리에게도 집들이 행사야 조금은 남아 있지만 마을 축제와는 성격이 다르고, 그마저 거의 사라졌다. 또 고인돌이 조상을 숭배하고 받드는 것이라 생각하는 베나족 마을이 있다. 이들은 집에 큰 의미를 두고 있어, 집의 가장 좋은 방에 조상을 모신다. 자본 합리성의 눈으로 보면 이런 전통이나 문화는 미신이거나 불합리, 비효율의 대명사다.

라마레라 마을은 날씨가 뜨겁고 땅과 바다가 모두 척박해 농사를 지을 수 없으며 별다른 해산물도 없다. 이런 까닭에 약 400년 전부터 고래만이 유일한 생계수단이다. 이 지역이 태평양보다 수온이 높아 고래들의 짝짓기, 출산, 수유 등에 유리하다고 한다. 고래를 잡아야 주식인 옥수수와 생필품을 구하고 아이들을 학교에 보낼 수 있다. 세계식량기구(FAO), 의회, 정부에 의해 상업적 고래잡이가 합법화된 유일한 곳이다. 향유고래나 파일럿고래 등이 잡힌다.

라마레라의 고래잡이 방식은 '원시적'이다. 작살부터 배까지 모든 것을 직접 만들고, 작살에 줄을 묶어 고래를 계속 추적하는 전근대적 사냥 방식을 이어 간다. 6명 정도가 한 팀이 되어 작은 목선을 타고 바다에 나가, 4~6미터 길이의 작살을 들고 사력을 다해 몸을 날려 고래를 잡는다. 고래를 발견하면 "발레오!"를 외치며 배에다 깃발을 달아 신호를 한다. 주변의 모든 배들이 모여든다. 협동 작전! 고래에다 힘겹게 작살을 세 개나 꽂고도 1시간 이상 사투를 벌여야 고래가 순순히 잡힌다. 이것도 성공한 경우이지, 실은 작살 맞은 고래가 몸부림을 치며 배를 끌고 깊이도 모를 바다 밑으로 들어가 버리는 경우도 많다. 배가 부서지고 사람이 다치거나 죽기도 한다. 이 바다는 고래가 지나는 길목인데도 1년에 기껏 3~10마리 정도밖에 못 잡는다. 10시간 이상 바다에서 노력해도 헛수고하는 날도 많다. 엔진 고장으로 조난을 당하기도 일쑤다. 심하면 고래와 사투를 벌이다 팔다리가 잘리기도 한다. 그래서 이들은 고래를 잡는 것은 '운'이라 본다. 수확이 적다고 화를 내거나 남 탓을 하지도 않는다. 순박성과 낙천성. 그저 하늘을 따를 뿐. 자연을 경외하고 순리에 따르며, 탐욕을 부리지 않는다. 우리가 사는 자본주의 산업 사회와 달리 '쓰레기'도 없다. 사람이고 물건이고 자연에서 나서 자연으로 돌아간다. 부자나 권력자가 자원을 독점하지도 않고 부의 세습도 없다. 별도의 교육이나 노동을 매개로 차별을 재생산하지도 않는다.

이와 관련 흥미로운 점은 고래의 분배 방식이다. 고래를 해체, 손질하는 데만 온 마을 사람들이 2~3일 협력한다. 서로 많이 가지려 경쟁하지 않는다. 잡은 고래는 배 주인이 중심이 되어 고래잡이에 참여한 사람들(작살잡이, 대장장이, 목수, 배 주인 순으로 부위별로 각자 몫을 나누어)에게 공평하게 * 분배한다. 가장 좋은 부위를 많이 갖게 되는 사람은 작살잡이다. 사람들은 선주의 분배에 불만을 가지면 다음에 바다에 나가서 화를 입는다고 생각한다. 경쟁과 욕심보다 협력과 화합으로 살아가기!

그렇게 잡은 고래는 이들의 식량이며 재산이다. 버리는 부분 없이 고래 전체를 사용한다. 여성들은 고래고기를 작게 썰어 말려서, 물물교환으로 필요한 물건을 얻는다. 일주일에 2~3번, 새벽 2시 반에 버스를 타고 나가 고래고기를 옥수수나 바나나 등 당장 먹고살 거리로 바꿔 오는 고단한 일상의 연속이다. 하지만 고래잡이 마을이라는 자부심은 크다. 아프리카의 '우분투'(네가 있어 우리가 있다)와 비슷하게, '고래가 없으면 우리도 없다'라는 말이 이 마을의 공동체 정신이다.

나는 이런 모델이 마하트마 간디 선생이 말한 '마을 공화국'이라 본

* 문재인 정부 들어 한창 논의가 많았던 공정성 개념은 구체적으로 두 방향에서 접근 가능하다. 하나는 비례성의 원리로, 노력이나 능력에 비례해서 분배하는 것(절차의 평등), 둘째는 형평성의 원리로, 형편과 사정을 고려하여 분배하는 것(결과의 평등)이다. 전자는 자본주의 원리, 후자는 인본주의 원리다. 경쟁의 내면화, 강자 동일시, 자본의 내면화가 강한 이들은 전자를 선호하고, '하늘 아래 인간은 평등하다'고 믿는 이들은 후자를 선호하는 경향이 있다.

다. 이것이 경쟁 아닌 '우애 공화국'도 가능케 한다. 그렇다. 마을 공화국 정도면 인간답게 살기에 충분하지 않은가? 물론 마을 이장은 돌아가며 뽑을 수 있고, 그는 권력자가 아니라 마을 심부름꾼이다. 핵심 과제는 마을 주민들의 삶을 얼마나 행복하게 만들까 하는 것이다. 대통령이나 국회의원은 필요 없고, 전국 차원의 문제는 전국이장협의회에서 소수의견까지 경청하고 숙의해서 70% 이상 찬성으로 결정하면 된다. 라마레라 마을처럼 자본, 노동, 상품, 화폐, 가치가 결코 삶을 잠식하지 않는 점이 중요하다. 자율, 자치, 협동, 공유, 조화, 균형 등이 삶을 이끄는 기본 가치관이다. 이런 원리가 곧 우리의 '오래된 미래'다.

시간을 거꾸로 돌리자는 말인가?

이런 제안에 대한 즉각적 반응은 "과거로 가자는 말인가?" 식이다. 그러나 실제로 미국이나 캐나다의 북미 인디언, 남미의 원주민, 호주의 원주민, 중국이나 동남아의 원주민 종족(인도 북부 라다크 마을, 베트남 북부 캇캇 마을, 타반 마을 같은 '소수민족' 마을), 아프리카의 원주민, 북유럽의 사미족 등 세계 곳곳에는 '근대화' 세례를 거의 받지 않은 공동체들이 남아 있다. 이들을 보면 우리는 대체로 "과거 1960~70년대의 우리나라를 보는 듯하다"고 한다. 과연 이들의 삶을 어떻게 볼 것인가? 단순히 세상 변화에 적응하지 못해 주변화한 과거의 유산인가?

나는 앞에서 인류의 역사가 과거 비경쟁 사회에서 오늘날과 같은 경쟁 사회로 이행해 왔다고 보았다. 비경쟁 사회엔 원시 공동체, 노예제, 봉건제가 있었다. 경쟁 사회는 현재 우리가 사는 사회로, 길게 보아도 500년 내외다. 비경쟁 사회는 (신석기 시대 이후로만 쳐도) 9,500년 정도 된다. 즉 지금의 경쟁 사회가 인간 본성을 반영한 사회가 아니란 말이다. 따라서 우리는 얼마든지 미래로 나아가면서도 과거 비경쟁 사회의 결함을 극복할 수 있다. 이것이 경쟁 사회를 역사적인 특수성으로 인식하는 방법이다. 경쟁이 결코 보편성이 아니란 말이다. 오히려 세계 곳곳의 원주민 내지 선주민이나 종족 사람들, 또 우리의 과거 농어촌 공동체만 보더라도, 경쟁이 아니라 협동, 분열이 아니라 우애의 원리로 살 수 있음을 깨닫는다.

　　이런 면에서 오늘날 우리가 '관광객'의 모습으로 그런 마을 공동체를 방문, 상품을 사고 화폐를 많이 돌게 만들면 결국은 마을 공동체를 해체하는 데 일조한다. 헬레나 노르베리 호지의 『오래된 미래』*는 그러한 부정적 변화를 잘 보여 준다. 처음에는 관광객을 노린 외지인들이 자본을 많이 투자하지만(호텔, 숙박, 식당, 카페, 기념품 가게, 마사지 숍 등), 나중에는 원주민들 역시 전통 문화를 보여 주는 물품이나 서비스를 상품으로 팔기 시작한다. 집을 고치고 가게를 만들며, 게스트 하우스를 짓는다. 택시 대신 오토바이를 교통 수단화하여 퀵서비스까지 제

---

*　　헬레나 노르베리 호지, 『오래된 미래』, 녹색평론사, 김종철 역, 2003(개정 증보판) 참조.

공한다. 포장된 신작로가 생기고 번화가나 먹자골목도 만들어진다. 그런 식으로 화폐, 상품, 자본이 유입된 곳에 노동과 (교환)가치가 흐른다. 잉여가치를 노리는 자본이 투자되고, 기존의 살림살이 경제가 그늘 속에 가려지며 돈벌이 경제가 자립화, 공식화, 대중화한다. 정치나 행정은 이런 돈벌이를 도와주는 방향으로 정책과 제도를 고친다. 무대 뒤에선 정치와 경제가 함께 샴페인을 터뜨리며 융합한다. 이런 것을 우리는 '발전'이라 부르고, 경제학에서는 '경제성장'이라 한다. 자본의 무한 축적 논리는 마침내 온 사회에 '일중독'과 '성장 중독증'을 확산한다.

우리나라 역시 그렇게 달려왔다. 1차적으로 일제 아래서 산업화가 시작되었으나 대단히 불구적, 기형적이었다. 2차적으로 박정희 정부 아래 1962년부터 경제개발 계획이 추진되어 약 60년을 달려왔다. 그 사이에 15대 세계 경제 강국에 속하는 1인당 국민소득 3만 달러 시대를 열었다. 1996년부터는 이른바 선진국 클럽인 OECD 회원국이기도 하다. 하지만 각종 사회 지표에서는 좋지 않은 방향으로 1등이 많다. 돈벌이 차원에서는 세계 15위 안에 들지만 살림살이 차원에서는 OECD 36개국 중 최하위권에 들고, 세계적으로도 행복도가 낮은 편이다.

2020년 2월, 봉준호 감독의 영화 〈기생충〉이 미국에서 4개 부문 아카데미상을 석권했다. K-팝이나 BTS의 세계적 명성에 이은 한국 문화의 쾌거! 그런데 만일 한국의 교육과 문화가 지금의 획일화에서 혁명적으로 바뀌어 다양성을 존중하게 되면, 이런 쾌거는 더 많이 생길

것이다. 굳이 해외로 나가 특출한 주목을 받지 않아도 사회 전체가 생기발랄한 창의성으로 넘칠 것이다. 어떤 공부를 하고 어떤 학교를 나와도 각자의 개성과 재주를 존중받는 사회, 그러면서도 개인과 공동체의 조화를 꾀하는 사회, 이것이 우리의 미래다.

여기서 공동체에 주목하자는 건 시간을 거꾸로 돌리자는 말이 아니다. 그럴 수도 없고 필요도 없다. 다만 우리가 달려온 길을 되돌아보면서 바로 나아가자는 말이다. 크게 양보해, 지금까지는 먹고사느라고 그런 성찰의 여유가 없었다 치자. 그러나 이제 1인당 국민소득 3만 달러 시대라면 얼마든지 성찰하면서 천천히 가도 된다. 굳이 서두를 필요가 없다.

보다 구체적으로 현재의 경쟁과 분열의 사회를 보다 연대하고 보다 우애 넘치는 사회로 만들어야 한다. 그러기 위해서는 우리의 가치관이나 사회 구조를 함께 바꿔야 한다. 여기서 중요한 것은, 개인이나 사회가 모두 경쟁과 분열을 야기하는 자본의 가치, 그것이 표현되는 화폐나 상품의 지배로부터 자유로워져야 한다는 것이다. 일단 상품·화폐 물신주의에 빠지면 오로지 양의 증대만 추구하기에(예: 국민소득 3만 달러를 달성하면, 이어 4만 달러를 달성하기 위해 허리띠를 더 졸라매자는 식) 우리는 '삶의 질'을 드높이기 어렵게 된다. 이런 의미에서 스키델스키 부자(父子)가 쓴, 『얼마나 많아야 충분한가』(How much is enough?)라는 문제 제기는 상당한 통찰을 준다. 그렇다. '충분함의 미학'이 우리의 현재와 미래를 위해 필요하다.

흔히 우리는 공정성을 중시하는 경향이 있는데, 이 역시 자본의 가치를 반영, 비례성 원리를 맹신한다. 예를 들면, 개인의 노력이나 실력에 비례하여 보상이 주어지는 것이 옳다고, 정의롭다고 믿는 것이다. 그러나 이것은 자본의 가치관이다. 여기엔 노력 경쟁이건 실력 경쟁이건 이미 경쟁이 내재해 있다.[*]

반면, 인본주의 가치관에 따르면 골고루 잘 살기 위해서는 개인의 사정이나 형편을 고려하여 보상하고(비례성이 아닌 형평성 원리), 사후적으로 비슷하게, 평등하게 되도록 분배하는 것이 정의롭고 평화롭다고 본다. 생명과 평화의 원리다. 자본의 가치관에 비해 훨씬 미래 지향적이다. 자본의 논리에 따르더라도, 이제 우리는 '충분히' 분배하고도 남을 수 있게 많이 생산하지 않았던가? 다만, 세계적으로나 일국적으로 분배의 양극화가 심해 사회 불안과 불만이 커지지 않던가? 왜 이런 현실을 인정하지 않는가?

그러나 파이의 분배(share)보다 더 중요한 것은 파이의 원천(source)이다. 우리가 만드는 생산물들이 자연이나 인간의 생명력을 파괴한 대가가 아닌지, 그걸 세밀하게 살펴야 한다는 이야기다. 이것은 직접적으로 자본의 가치, 화폐, 상품, 노동 원리와 정면충돌한다. 자본은 돈이 된다면 이 세상 그 무엇이건 또 어떤 방법을 쓰건 상품으로 만들어 팔기 때문이다. 처음엔 생필품을 팔았다. 자연이 주는 다양한 '자원'도 팔았다. 광물, 석유, 나무, 자갈, 흙, …. 갈수록 사치품, 명품, 과

---

[*] CBS 시사자키 제작진, "이범 '대학 자율입시? 대학은 갑, 학생은 을 되는 것'", 〈노컷뉴스〉, 2019. 10. 5. 참조.

시적 소비에 적합한 물품이나 서비스를 판다. 인간 삶의 기본 조건 중 하나인 땅과 집이 '부동산'이라는 불경스런 용어와 함께 상품화한 지 오래다. 요즘은 물, 공기도 상품이 되며 사람의 정서, 감정, 느낌까지 판다. 심지어 교회나 사찰 건물, 영업권조차 상품이 된다. 따지고 보면 자본주의는 처음부터 인격체가 가진 노동력을 상품화했다. 노예나 농노로부터 자유로워진 사람들이 다시 자본의 톱니바퀴로 변했다. 몸만 변한 게 아니라 오늘날은 정신과 영혼까지 변했다. 사회적 DNA의 개조! 그 결과 경제가 발전할수록 인심은 계산적으로 변하고 자연은 파괴된다. 결국은 이 모든 것이 우리 삶에 부메랑으로 돌아온다. 일례로 지구온난화, 기후 위기, 방사능, 환경호르몬, 암 유발물질, 구제역, 광우병, 신종플루, (초)미세먼지, 사스, 메르스, 신종 코로나 바이러스 등이다. 중세 유럽의 흑사병은 결코 과거가 아니다.

촛불시민과 희망버스

2016년 10월부터 2017년 3월까지 우리는 '박근혜-최순실'로 상징되는 정경유착, 부정부패, 적폐 등을 타파하기 위해 촛불을 들었다. 연인원 1,600만 명! 그리고 그 자신만만하던 박근혜 탄핵에 성공했고, 지나칠 정도로 더디지만, 적폐를 하나씩 청산하는 중이다.

2019년엔 '검찰 공화국'(?)이라는 적폐 청산을 위해 다시금 촛불을 들어야 했다. 그도 그럴 것이 길게는 일제 내지 해방 이후, 짧게는

1960년대 박정희 이후 검찰과 경찰이 독재체제를 뒷받침하며 스스로 밤의 대통령처럼, 또 한재림 감독의 영화 〈더 킹〉에도 잘 나오듯 사실상 '킹 메이커'로 행세해 왔기 때문이다.

그러나 검찰개혁만 되면 민주주의가 완성되고 행복한 나라가 되는 것인가? 아니다, 여전히 갈 길은 멀다. 물론 검찰개혁은 더 이상 억울한 사람이 없기 위해, 보다 정의로운 세상을 위해 필요하다. 그래서 하루빨리 검찰개혁이 되어야 한다. 그러나 그 개혁조차 여전히 자본, 상품, 화폐 물신주의를 벗어나지 못한다면? ('조국 논란'의 또 다른 핵심도 바로 이 물신주의로 인한 격차 사회의 재생산 문제, 계급과 서열의 재생산 문제 아니던가?)

앞서도 살폈지만, 1931년 강주룡의 전설적인 을밀대 고공농성 이후, 특히 최근 20년 동안 한국 사회는 고공농성의 전시장이 되었다. 세계적으로 전례 없는 일이다. 때로는 크레인 위에서 때로는 굴뚝이나 철탑 위에서 외치고 외친다. 아무리 추워도, 아무리 더워도 이겨낸다. 목숨을 건다. 부당해고 철회하고, 불법파견 대신 정규직화를 시행하라고. 노조를 인정하고 단체협약 시행하라고.

그런데 이건 이미 노동법 조항에 다 있는 내용들이다. 노동법은 (노동자들이 쟁취한 면도 있지만, 실은) 가진 자들이 자본주의를 지키기 위해 만든 법이다. 자본주의를 유지하려니 어느 정도 노동자의 권리를 보장해야 하는 것! 그런 최소한의 장치마저 없다면 노동력이 심각하게 손상되거나 노동자 폭동, 혁명이 일어날 것이니까. 그래서 보호라는 이름 아래 울타리를 친 셈이다. 마치 '친환경' 동물원처럼. 그래서 노동법이 잘 지켜지더라도 그것은 자본의 품 안에 갇힌 상태에서다. 자본

이 좀 불편할 순 있지만, 자본을 지양(止揚)한 것은 아니기에. *

그러나 검찰이 부동이다. 노동법에 의거, 잡아가야 할 자도 잡지 않는다. 반면, 노동자가 노동법대로 단결하고 교섭하고 파업해도, 잡아가고 해고하고 손배 청구를 해서 심신을 망가뜨리고 가족을 해체하고 인간관계와 미래까지 파괴한다. 검찰과 경찰이 자본의 경비 역할을 하는 것! 물론 정권이 보수 꼴통이냐 자유주의 내지 민주적이냐에 따라 정도 차이는 있다. 하지만 엄연히 선이 있다. 자본을 해치는 선은 넘지 않는 법!

그래서 희망은 '희망버스' 속에 나타난, 연대성(solidarity) 회복에 있다. 2009년 쌍용차 정리해고 반대 투쟁 때 전국에서 많은 사람들이 희망버스를 탔다. 2011년 김진숙 해고노동자의 309일 크레인 고공농성 때 역시 전국에서 희망버스가 출발했다. 2013년 밀양 송전탑 투쟁 때도 전국에서 희망버스가 몰려들었다.

그러나, 몰려들기만 한다고 다 되는 것은 아니다. 불편함과 귀찮음과 두려움을 넘은 연대 정신을 한층 더 발휘하고 자본, 상품, 화폐, 노

---

*   이런 면에서 우리나라 선진 노동자들은 노동을 위해 목숨을 걸긴 하지만, 결과적으로는 (의도치 않게) 자본을 위해 목숨을 거는 셈이다. 달리 말하면 그 투쟁 형식은 대단히 전투적이고 근본적이지만, 투쟁의 내용은 대단히 자본주의적이다. 투쟁이 성과가 없다면 매우 허무하지만, 성과가 있더라도 결국엔 또 허무로 회귀한다. 바로 이 점이 노동현장이나 노동조합에서, 그리고 시민사회와 연대 단위들에서 더 왕성하게 성찰적으로 토론될 필요가 있다.

동 너머를 생각해야 한다. 새 물결이 전국으로 넘쳐야 한다. 현재 우리 삶의 고통을 숨기지 말고 드러내야 한다. 그 뿌리를 함께 찾아내야 한다. 그리고 더 이상 계속될 수 없음을 선언해야 한다. '비상 브레이크'를 걸어야 한다!

경쟁과 시장, 소유와 소비를 넘어 새로운 삶의 방식을 찾아내야 한다. '소확행'과 같은 자본의 새로운 상품에 속아서는 곤란하다. 대안의 실천에 있어서는 개인적 방식도 중요하지만 사회적 방식이 더 중요하다. 보다 구체적으로 어떻게 해야 좋을까? '나부터' 실천한다면.

일례로 당뇨병 환자가 있다. 혈당 수치가 계속 140 이상으로 높이 오르면 곤란하다. 심하면 합병증이 오고, 아주 심한 경우 팔이나 다리를 절단해야 한다. 의외로 개인적 해법은 간단하다. 탄수화물은 적게 먹고 운동은 많이 한다! 적게 먹고 적게 싼다! 죽지 않을 만큼만 먹는다! 이 정도면 충분하다. 그러나 사회적 차원에서는? 이미 모든 상품화한 음식들은 달고 짜고 맵다. 설탕이 들어간 음식은 혈당을 높여 피를 끈적거리게 한다. 그러나 사람들은 이미 단맛에 중독되어 있다. 이를 어찌할 것인가? 상품을 다양화하는 게 정답일까? 아니면 가능한 한 음식을 직접 만들어 먹어야 할까? 설사 파는 음식이라도 설탕을 적게 넣도록 아니면 혈당을 높이지 않는 대안 식품을 넣도록 할까? 이런 식의 성찰적 토론들이 왕성해져야 한다.

당뇨병 이기기도 만만찮은데, 노동·상품·화폐 물신주의를 극복하기란 더 힘들다. 그러나 최소한 우리가 이 물신주의에 빠져 있기 때문에 노력해도 별 소용이 없다는 점만큼은 직시하고 인정해야 한다. 이것이라도 제대로 사회적으로 공유되면 그 다음 단계는 훨씬 수월하다. 토론과 소통이 전개되면서 이런저런 아이디어가 나올 것이다. 그러나 아무리 좋은 아이디어가 나와도 혹시 또다시 노동·상품·화폐 물신주의에 빠지는 건 아닌지, 여전히 그로부터 나오지 못하고 헤매는 것은 아닌지 깊이 성찰해야 한다. 언제나, 인간적 관계와 성찰적 대화가 중요하다!

우리가 현재를 성찰하며 제대로 잘 살아야 하는 이유는, 우리네 삶이 한 번밖에 없는 인생이기 때문이다. 그것도 80년 내지 100년을 넘기기 어렵다. 치명적 질병에 걸리거나 죽음에 임박해서 후회해 봐야 늦다. '인생은 결코 영원하지 않다'는 사실이 서글프고 안타깝지만, 바로 그렇기에 오늘 하루하루가, 지금 여기가 더욱 소중하다. 늘 행복하게 살아도 짧은 인생인데, 왜 자본, 상품, 화폐, 노동에 온 삶을 다 바치나? 우리의 어리석음은 언제 끝날 것인가?

내가 바라는 나라는 별것 아니다. 꼭 라마레라 마을 같지는 않더라도 마을이 살아 있어, 봄이 오면('침묵의 봄'이 아니라) 산새들이 조잘대고 여름이면 개울에서 수영하고 가을이면 (미세먼지 없는) 맑은 하늘 바라보고 겨울이면 친구들과 고구마 구워 먹는 그런 정도면 좋겠다. 아이나 청년, 노인이 화폐, 상품, 자본, 노동의 압박 없이 사는 데 큰 걱정 없으면 좋겠다. 경조사나 큰 행사가 있을 땐 돈 봉투보다 몸과 마음으로 상부상조하면 좋겠다. 성차별이 없고, 사회경제 양극화도 없이 고만고만하게 살면 좋겠다. 잘 익은 감을 따러 사다리 오르는 일은 있어도, 부당해고 철회를 위해 사다리 타는 일은 없는 세상을 원한다. 그리하여 독일의 괴테처럼 매일 좋은 음악을 듣고 좋은 시 한 편 읽으며 훌륭한 그림 하나를 보고 싶다. 또 가능하면 이치에 맞는 말 몇 마디도 하며 살고 싶다.

끝으로, 경쟁이 아닌 '연대'와 관련한 에피소드 하나를 떠올린다. 1994년부터 미국, 캐나다, 멕시코 사이엔 북미자유무역협정(NAFTA) 이 발효됐다. 대량생산된 미국 옥수수가 멕시코로 유입되면서 멕시코의 전통 농업과 공동체가 망하기 시작했다. 그래서 치아파스 농민군이 목총을 들고 미국 자본주의 침탈에 맞서 봉기했다. 이 원주민 저항에 세계의 수많은 활동가들이 고무되어 지원군으로 동참하려 했다. 이에 여성 농민군 한 명이 그들에게 말했다. "당신들이 만일 우리를 도와주기 위해 오려 한다면 그냥 돌아가시오. 하지만, 만일 여러분들이 겪는 문제와 우리가 겪는 문제의 뿌리가 같다고 생각한다면, 그렇다면 함께 손을 잡고 일해 봅시다."• 이것이 연대다. 사태의 뿌리를 공유하는 것! 그렇지 않고 단순히 도와주는 건 일시적 연민일 뿐.

이제 이 책을 읽는 독자들과 그 가족, 이웃, 친구 모두가 진정 행복한 삶을 위해 서로 격려하며 '경쟁 공화국' 너머를 상상하는 연대를 경험하길 빈다. 이것이 진정한 연대의 '희망버스'로 발전하면 좋겠다. 함께 탄 '희망버스' 안에서 우리는 상호 관심, 공감 능력, 열린 생각을

• 이와 관련, 해리 클리버, 『사빠띠스따』, 이원영 역, 갈무리, 1998; 미할리스 멘티니스, 『사빠띠스따의 진화』, 서창현 역, 갈무리, 2009 참조.

가지고 트라우마, 고통, 두려움을 서로 보듬으며 기본 신뢰를 다지게 될 것이다. 이것이 곧 우리 삶에 대한 자존감, 자율성, 그리고 책임감이 아닐까? 프란치스코 교황의 "(잘못된 세상이) 누구의 잘못도 아니라면 모두의 잘못"이란 말도 공동 책임을 뜻한다. 한편, 우린 누구나 존재 그 자체로 존중받을 권리가 있으며, 관계를 통해 풍요를 누릴 자유도 있다. 바로 지금 여기부터 다시 시작하자, 비긴 어게인! '우분투', 당신이 있어 우리가 있다!